UTILANGUES

ALLEMAND

Précis grammatical

avec 250 exercices auto-correctifs

CHARLES DESBORDES
Agrégé de l'Université
Professeur au lycée Fustel de Coulanges de Strasbourg

MARLÈNE DESBORDES
Agrégée de l'Université
Inspectrice pédagogique régionale d'allemand

NATHAN

Édition : I. Mornand / C. Desprairies
Conception graphique : M. Rougé
Couverture : CND International
 – ISBN 2.09.886325-X

AVANT-PROPOS

Ce recueil d'exercices ne saurait, bien entendu, remplacer un manuel ou une grammaire; il a été conçu comme **un ouvrage complémentaire** dont les professeurs pourront se servir dans différents types de classes et avec différents types d'élèves. Les **rappels grammaticaux,** qui n'ont pas la prétention d'être exhaustifs, permettront cependant aux élèves de réviser **les bases grammaticales** et de les fixer grâce à des séries d'**exercices d'entraînement. D'autres exercices, plus complexes,** signalés par un astérisque, devraient leur apporter une aide précieuse **pour approfondir leurs connaissances** ou pour leur permettre d'aboutir à une expression plus autonome.

En élaborant ces exercices, nous avons pensé en premier lieu aux **élèves de collège qui entrent au lycée** et qui peuvent éprouver quelques difficultés lors de ce passage du premier au second cycle, notamment ceux qui ont choisi l'allemand comme seconde langue vivante. Cependant, ces exercices de révision ou d'approfondissement peuvent être utilisés avec profit **dès la classe de 4e**, ou même en 5e, pour les exercices les plus faciles. Quant aux **élèves de terminale** qui, à l'approche du baccalauréat, nécessitent une « remise à niveau », ils trouveront dans le présent ouvrage de nombreux exercices qui les aideront à combler quelques-unes de leurs lacunes.

Mais ce manuel s'adresse également aux **adultes** qui, ayant quitté le système scolaire traditionnel, veulent étudier l'allemand ou réviser les bases grammaticales en vue de la préparation d'un examen professionnel ou d'un concours. Grâce aux **rappels grammaticaux succincts** figurant en tête des chapitres et aux **corrigés des exercices*** proposés, ils pourront **réviser les notions fondamentales de la langue allemande** à leur guise.

Chaque chapitre offre des **possibilités de travail très variées** : partant d'exercices très simples et de type traditionnel (exercices de déclinaison, de conjugaison, de transformation...), nous passons ensuite à des exercices dont la solution fait appel, non seulement à l'imagination, mais aussi à des connaissances lexicales et grammaticales plus approfondies. Chacun, professeur ou élève, pourra ainsi choisir le type d'exercices qui lui semble le mieux approprié à ses besoins et le mieux apte à le faire progresser dans le maniement de la langue allemande.

Les auteurs.

*On se reportera pour la grande majorité des exercices aux corrigés situés en fin de volume (pp. 114 à 128). Toutefois, le sigle « N.C. », placé au cours de l'ouvrage après la consigne de l'exercice, signale quand celui-ci n'est pas corrigé.

SOMMAIRE

I. SAVOIR UTILISER LES CAS 6
(Le groupe nominal)

1. Le nominatif 6
2. L'accusatif 8
3. Le datif 12
4. Le génitif 15
5. Les masculins faibles 18
   L'apposition 18
6. L'adjectif substantivé 20
7. Comparatif et superlatif 22
8. Les pronoms 24

- pronoms personnels et réfléchis 24
- pronoms possessifs 27
- pronoms interrogatifs 28
- pronoms relatifs 29
- pronoms indéfinis 33

II. SAVOIR UTILISER LES TEMPS ET LES MODES 35
(Le groupe verbal)

1. L'indicatif 35

- Les auxiliaires de temps 35
- Les verbes faibles 35
- Les verbes forts 36
- Les verbes de mouvement et de position 41
- Les verbes faibles irréguliers 42

2. L'impératif 45
3. Le subjonctif 47

- Le discours indirect 47
- Le conditionnel 50

4. Les auxiliaires de mode et le verbe *wissen* 53
5. La voix passive 59

III. SAVOIR CONSTRUIRE UNE PHRASE 63
(La construction de la phrase)

1. La structure de la phrase 63
2. La négation 67
3. La ponctuation 68
4. Les conjonctions de subordination 69

- *bevor/nachdem* 69
- *wenn/als* 71
- *wenn/ob* 72

- la concession 74
- la comparaison 76
- *je...desto...* 77
- « comme » 77

5. La proposition infinitive 79
6. Les compléments de temps 84
7. La notion de quantité 86
8. Les prépositions 87
9. Villes et pays 90
10. Les verbes à complément prépositionnel 93

TABLEAUX GRAMMATICAUX

I. LE GROUPE NOMINAL 96

1. Articles définis 96
2. Déclinaison du groupe nominal 96
- Avec l'article défini 96
- Avec l'article indéfini 97
- Sans article 97
- Certains masculins suivent une déclinaison particulière, la déclinaison « faible » 97
- Adjectifs possessifs 98
- Pronoms personnels 98
- Pronoms réfléchis 98
- Pronoms relatifs 98

3. Conjonctions de subordination les plus fréquentes 99

II. LE GROUPE VERBAL 100

1. Conjugaison
- Les auxiliaires de temps 100
- Les verbes faibles 102
- Les verbes forts 103

2. Liste alphabétique des verbes forts 106
3. Les auxiliaires de mode et le verbe *wissen* 110

CORRIGÉS 114

1. Le groupe nominal 114
2. Le groupe verbal 119
3. La construction de la phrase 123

I. SAVOIR UTILISER LES CAS

1. LE NOMINATIF

Sujet
Attribut du sujet. Ex. : *Der nette Junge ist mein bester Freund.* (Voir tableaux, pp. 96-97).

ARTICLE DÉFINI

1

Complétez à l'aide de *der, die das* :
D.... rot.... Mütze steht dir gut. ■ D.... warm.... Pullover kommt aus Norwegen. ■ D.... dick.... Jacke ist viel zu warm. ■ D.... kariert.... Kleid ist schon alt. ■ D.... grau.... Rock und d.... weiß.... Bluse gehören meiner Mutter. ■ D.... rot.... Socken benutzt man beim Skilaufen. ■ D.... elegant.... Schuhe kommen aus Italien.

DÉMONSTRATIF

2

Complétez :
Dies.... rot.... Wagen ist ein Volkswagen. ■ Dies.... groß.... Auto fährt am schnellsten. ■ Jen.... alt.... Dame ist meine Großmutter. ■ Dies.... schön.... Bücher gehören alle mir. ■ Jed.... klein.... Kind mag Kuchen.

ARTICLE INDÉFINI

*3

Complétez (s'il y a lieu) :
Ist das ein.... Sportwagen? Nein, das ist kein.... Sportwagen, das sieht man doch. ■ Ist das ein.... Kaffeetasse? Nein, das ist kein.... Kaffeetasse, aus der trinkt man Tee. ■ Ist das ein.... Weinglas? Nein, das ist kein.... Weinglas, daraus trinkt man Bier. ■ Ist das ein.... Fußball? Nein, das ist kein.... Fußball, damit spielt man Rugby. ■ Ist das ein.... Einkaufstasche? Nein, das ist kein.... Einkaufstasche, dafür ist sie zu klein.

Adjectifs possessifs
Ils se déclinent comme l'article indéfini (voir tableau, p. 97).

Attention à la 3e personne du singulier !
Possesseur masculin ou neutre ***sein.*** Ex. : *Peter und **sein** Hund.*
Possesseur féminin *ihr.* Ex. : *Gisela und **ihr** Hund.*

ADJECTIFS POSSESSIFS

*4 Complétez (s'il y a lieu) :

Wo ist denn mein... Pullover? Dein... Pullover liegt auf dem Bett. ■ Wo ist denn mein... Tasche? Dein... Tasche steht neben dem Tisch. ■ Wo ist denn mein... Kugelschreiber? Dein... Kugelschreiber liegt irgendwo auf dem Schreibtisch. ■ Wo sind denn mein... Schlüssel? Dein... Schlüssel sind bestimmt in deiner Tasche.

5 Complétez avec *sein* ou *ihr* :

Peter und... Schwester Gisela. ■ Gisela und... Bruder Peter. ■ Peter und... Mutter. ■ Gisela und... Mutter. ■ Das Kind und... Hund. ■ Herr Müller und... Frau. ■ Frau Müller und... Mann. ■ Peter und... Vater. ■ Gisela und... Vater. ■ Das Mädchen und... Vater. ■ Michael und... Freundin Barbara. ■ Barbara und... Freund Peter.

AUTRES DÉTERMINANTS

*6 Complétez (voir tableau, pp. 96-97) :

Fast alle klein... Kinder essen gern Schokolade. ■ Alle schnell... Autos verbrauchen viel Benzin. ■ Einig... neu... Autos fahren mit bleifreiem Benzin *(sans plomb)*. ■ Viele alt... Leute sind einsam. ■ Aber nicht alle alt... Leute wohnen in einem Altersheim. ■ Alle klein... Kinder freuen sich auf den Weihnachtsmann. ■ In der Stadt sind viele alt... Gebäude und einige interessant... Museen zu besichtigen. ■ Alle wertvoll... *(précieux)* Statuen des Münsters stehen im Museum.

*7 Complétez (s'il y a lieu) :

Was für eine Unordnung in deinem Zimmer! ■ Was ist denn hier los? Das ist vielleicht eine Unordnung!
Unter dem Bett liegen dein... rot... Socken, auf dem Teppich stehen dein... schmutzig... Turnschuhe, d... alt... Sportschuhe stehen auf dem Tisch, aber d... neu... Hefte und d... teur... Schulbücher liegen auf dem Boden. Auf dem Schreibtisch sind mindestens zehn Kugelschreiber, aber kein... einzig... schreibt anständig. D... schön... Bild, das wir aus Italien mitgebracht haben, liegt immer noch in einer Ecke, und an der Wand hängen d... schrecklich... Poster von deinem Lieblingssänger. Und wie sieht es im Schrank aus! In der Schublade *(le tiroir)* liegt kein... einzig... Taschentuch, aber alt... zerrissen... Socken und d... schön... weiß... Bluse, die du nie getragen hast. Und unter dem Schrank liegen dein... neu... Cordhose *(le pantalon de velours)* und dein... alt... verwaschen... Jeans!

EXERCICE DE SYNTHÈSE

8 Recomposez le texte ci-dessus en remettant les objets à leur place (N.C.).

2. L'ACCUSATIF

Complément d'objet direct (voir tableaux, pp. 96-98).
Ex. : *Er trägt einen alten Pullover.*

Après les prépositions : *durch, für, gegen, ohne, um.* Ex. : *Er fährt durch die Stadt.*

Après les prépositions : *an, auf, hinter, in, neben, über, unter, vor, zwischen (directif).* Ex. : *Die Kinder gehen in die Schule.*

ARTICLE DÉFINI

9

Complétez :
Was soll ich mitnehmen? D... braun... Mantel oder d... rot... Jacke? ■ D... dick... Pullover oder d... leicht... Hemd? ■ D... kariert... Rock oder d... gestreift... Kleid? ■ D... warm... Socken oder d... dünn... Strümpfe? ■ D... blau... Hose oder d... gelb... Bluse? ■ D... weiß... Nachthemd oder d... blau... Pyjama?

ARTICLE INDÉFINI

*10

Complétez (s'il y a lieu) :
Bringen Sie mir bitte ein... Glas Apfelsaft! ■ Wir haben kein... Apfelsaft mehr. Wir haben nur noch Orangensaft. ■ Ich möchte ein... Tasse Tee. ■ Ich trinke kein... Tee, ich möchte lieber Kaffee. ■ Was möchten Sie trinken, Bier oder Wein? Lieber ein... Glas Wasser, ich trinke kein... Bier und auch kein... Wein. ■ Möchten Sie ein... Stück Kuchen? Ja, bitte, bringen Sie mir ein... Stück Apfelkuchen! ■ Wir haben kein... Apfelkuchen mehr, nur noch Streuselkuchen.

ADJECTIFS POSSESSIFS

11

Complétez avec *sein* ou *ihr* :
Peter begleitet ... Vater zum Bahnhof. ■ Herr Müller hat ... Wagen im Parkhaus gelassen. ■ Am Bahnhof treffen sie Frau Krüger und ... Freundin. ■ Frau Krüger bringt ... Freundin auf den Bahnsteig. ■ Herr Müller holt ... Fahrkarte aus der Tasche. ■ Er steigt ein und sucht ... Platz. ■ Dann legt er ... Koffer in das Gepäcknetz. ■ Eine alte Dame hat Mühe, ... Tasche zu tragen. Herr Müller hilft ihr.

ADJECTIFS POSSESSIFS

12 Complétez :

Hast du mein... Füller gesehen? ■ Nein, willst du mein... Bleistift haben? ■ Kinder, zieht eur... Schuhe an, nehmt eur... Anorak! ■ Mutti, gibst du uns unser... Handschuhe? ■ Frau Weber, vergessen Sie Ihr... Regenschirm nicht! ■ Nimm dein... Mappe mit! ■ Häng dein... Mantel in den Schrank!

13 Complétez avec un adjectif possessif (singulier ou pluriel) :

Herr Becker, Frau Becker und... Kinder fahren in Urlaub. ■ Peter trägt... Koffer und hat... Ball unter dem Arm. ■ Gisela wollte unbedingt... Tennisschläger und... Kanarienvogel mitnehmen. ■ Endlich haben sie... Abteil gefunden! ■ Sie legen... Gepäck ins Gepäcknetz. ■ Frau Becker behält... Handtasche bei sich. ■ Herr Becker hat... Feuerzeug zu Hause vergessen. ■ Hauptsache, die Kinder haben... Bonbons.

PLURIEL SANS ARTICLE

14 Mettez au pluriel les groupes nominaux en italique :

Hast du *eine Zigarette?* ■ Bringen Sie mir *einen Apfel!* ■ Haben Sie *eine Serviette?* ■ Bring *ein Buch* mit! ■ Heute abend hören wir *eine Platte.* ■ Peter kauft *eine Kassette.*

*15 Répondez par la négative, selon le modèle :

Hast du Zeit? Nein, ich habe *keine Zeit.*

Hat er Arbeit? ■ Hast du Geld? ■ Hat Peter Geduld? ■ Hat die Kleine Angst? ■ Habt ihr jetzt Ferien? ■ Haben die Kinder Hunger? ■ Haben sie Durst? ■ Hast du Lust, in den Wald zu gehen? ■ Wollt ihr heute abend Suppe essen?

*16 Traduisez en allemand :

a*. Il n'a pas peur. ■ Il n'a jamais peur. ■ Je n'ai pas le temps. ■ As-tu faim? Non, je n'ai pas faim. ■ Elle n'a pas de patience. ■ Donne-moi de l'argent, s'il te plaît. ■ Je n'ai plus d'argent. ■ N'avez-vous pas de bagages *(das Gepäck)?* ■ Je n'ai pas de valise, mais j'ai un sac.

b*. Je devrais acheter de la viande et du beurre. ■ Mais je n'ai pas d'argent sur moi *(bei mir).* ■ Aujourd'hui, je ne bois pas de vin. Apportez-moi de l'eau. ■ J'aime bien les pommes de terre sautées *(die Bratkartoffeln),* mais je préfère quand même les frites. ■ Sais-tu le chinois? *(Chinesisch)* Non, je ne sais pas le chinois, mais je sais un peu l'allemand.

EXERCICES DE SYNTHÈSE

*17

a. Vous feuilletez un catalogue de vente par correspondance (N.C.) :

1. Welche Kleider gefallen Ihnen am besten ? 2. Welche Kleider bestellen Sie tatsächlich *(effectivement)* ?

b. Wer trägt was ?

1. Ein sechzehnjähriger Junge geht in die Disco. Was zieht er an ? 2. Eine alte Dame packt ihren Koffer für den Urlaub im Schwarzwald. Was packt sie ein ? 3. Eine elegante Dame zieht sich an, um in die Oper zu gehen. Was für Kleider wählt sie ? 4. Ein sportlicher Mann will zum Jogging (gehen). Was zieht er an ?

*18

Complétez :

a. Wie sieht dein Nachbar aus ? ■ Er hat blond... Haar..., blau... Aug..., klein... Ohr..., ein... kurz... Nase, schön... weiß... Zähne, ein... dünn... Schnurrbart, aber ein... dick... Hals, breit... Schultern, lang... Arm..., kräftig... Hände, ein... dick... Bierbauch, krumm... Bein... und lang... breit... Plattfüße.

b. Und meine Nachbarin sieht auch nicht viel besser aus ! ■ Sie hat nur noch ein paar weiß... Haar..., ein ganz faltig... *(ridé)* Gesicht, schwarz... Aug..., riesengroß... Ohr..., ein... lang... krumm... Nase, gelb... Zähne, dünn... Arm..., zu groß... Hände und dick... Bein....

c. Da habe ich mehr Glück, ich habe eine junge Nachbarin, die ganz toll aussieht ! ■ Sie hat schwarz... lockig... Haar..., dunkelbraun... Aug..., ein... hübsch... Stupsnase *(nez en trompette)*, schmal... Lipp..., rot... Back..., ein... zart... Hals, ein... schlank... Figur und wunderschön... Bein... !

Vocabulaire

das Gesicht(er) - das Haar(e) - das Auge(n) - das Ohr(en) - die Nase(n) - der Mund(¨er) - die Lippe(n) - der Zahn(¨e) - die Backe(n) - das Kinn(e) - der Bart(¨e) - der Schnurrbart(¨e) - der Hals(¨e) - die Schulter(n) - der Arm(e) - die Hand(¨e) der Finger(-) - der Daumen(-) - der Bauch(¨e) - die Brust(¨e) - das Bein(e) - das Knie(-) -der Fuß(¨e) - die Zehe(n).

*19

À l'aide des indications lexicales ci-dessus, faites la description d'un(e) ami(e) (N.C.) :

Er hat... sie hat...

EXERCICE DE SYNTHÈSE

*20 Complétez :

Ein lästiger *(embêtant, pénible)* Gast ■ Der Kellner fragt : — Was möchten Sie zum Frühstück? Kalt... oder warm... Milch? ■ Kein... Milch! Haben Sie kein... Obstsaft? ■ Doch, wir haben frisch... Orangensaft. ■ Ja, bringen Sie mir ein groß... Glas Orangensaft und danach schwarz... Bohnenkaffee, oder lieber englisch... Tee. ■ Bitte schön, mein Herr! Und zu essen? Frisch... Brötchen oder knusprig ... *(croustillant)* Hörnchen? ■ Haben Sie nicht einfach Brot? ■ Doch, weiß..., grau... oder schwarz...? ■ Ein... Scheibe Weißbrot. ■ Mit Butter und Marmelade? ■ Nein, kein... Butter. Was für Marmelade haben Sie denn? ■ Hausgemacht... Erdbeerkonfitüre oder englisch... Orangenmarmelade. ■ Ich hätte lieber Honig *(miel)* ■ Ganz wie Sie wünschen! Wir haben echt... Tannenhonig aus dem Schwarzwald. Also : ein groß... Glas Orangensaft, englisch... Tee und echt... Tannenhonig. Sonst noch einen Wunsch?

*21 Complétez :

Mittagszeit. Der Kellner zu seinem Kollegen : — O je, da kommt mein Gast von heute morgen wieder. Geh du mal hin! ■ Guten Tag, mein Herr! Was möchten Sie denn essen? ■ Das kommt drauf an, was Sie haben. Haben Sie ein... vernünftig... *(correcte)* Karte? ■ Bitte schön, mein Herr! ■ Heute möchte ich Fisch essen. Haben Sie frisch... Fisch? ■ Selbstverständlich, mein Herr, wir haben immer frisch... Forellen *(la truite)* ■ Ach ja, ein... Forelle, ein... gebacken... Forelle. ■ Und Kartoffeln dazu? ■ Ja, schön... Salzkartoffeln. ■ Und vielleicht ein... Salat? Wir haben gemischt... Salat. ■ Gemischt... Salat? ■ Ja, grün... Salat mit Gurken *(le concombre)* und Tomaten. ■ Also, ein... Portion gemischt... Salat. ■ Und zu trinken? ■ Ein... herb... *(sec)* Weißwein. ■ Ein... elsässisch... oder ein... Moselwein? ■ Bringen Sie mir ein Glas Riesling aus dem Elsaß! ■ Bitte sehr, der Herr!

*22 Transformez les phrases suivantes à l'aide d'un adjectif choisi dans la liste ci-dessous :

alt - interessant - jung - leicht - neu - sauber - schmutzig - schwer - spannend.

Modèle : Der Junge kauft sich eine Kassette. Der Junge kauft sich eine **neue** Kassette.

1. Zum Geburtstag bekommt Peter ein Fahrrad. 2. „Zieh dir ein T-Shirt an, wenn du noch ausgehen willst!" 3. Peter versucht, sein Mofa zu reparieren. 4. „Hilf mir bitte den Koffer tragen!" 5. „Was! Diese Aufgabe kannst du nicht machen!" 6. Ich habe mir gestern abend einen Krimi angesehen. 7. Heute bringt das Fernsehen eine Reportage über Südamerika. 8. Die Kinder haben einen Hund auf der Straße gefunden. 9. „Tu die Wäsche in die Waschmaschine!"

3. LE DATIF

Complément d'attribution
Ex. : *Peter bringt* **seiner Freundin** *eine neue Schallplatte.*
Après les prépositions : ***aus, bei, mit, nach, seit, von, zu.*** Ex. : *Um vier Uhr kommen sie* ***aus der*** *Schule.*
Après les prépositions : ***an, auf, hinter, in, neben, über, unter, vor, zwischen*** *(locatif).* Ex. : *Sie spielen* ***im*** *Garten.* (im = in dem)

ARTICLE DÉFINI

23 Complétez :
Mit d... komisch... Mütze siehst du lustig aus! ■ Mit d... neu... Bluse sieht sie gut aus. ■ Mit d... schmutzig... Schuh... kommst du mir nicht ins Haus! ■ In d... dünn... Kleid wirst du bestimmt frieren. ■ Mit d... dick... Pullover kannst du ruhig in den Wintersport fahren. ■ In d... alt... Jeans fühle ich mich wohl.

MIT + DATIF

***24 Reprenez les phrases de l'exercice 18 en les transformant selon le modèle suivant :**
Ich habe einen Nachbarn **mit** blond**en** Haar**en**...

DATIF / ACCUSATIF

25 Complétez :
Nicht alle Kinder sind so brav. ■ Uwe schreibt sein... Großmutter ein... nett... Brief. ■ Brigitte kauft ihr... Mutter schön... rot... Rosen. ■ Claudia schenkt ihr... Großvater ein... spannend... Krimi. ■ Die Kinder bringen ihr... Großeltern ein... lecker... *(délicieux)* Kuchen ■ Hans bringt sein... krank... Mutter ein... Tasse Tee. ■ Peter schickt sein... Onkel ein... lustig... Karte aus Italien. ■ Claudia und Brigitte stricken d... Großmutter ein... warm... Jacke für den Winter. ■ Die Kinder backen d... Mutter ein... herrlich... Kuchen zum Geburtstag. ■ Claudia gibt ihr... Katze frisch... Milch zu trinken. ■ Das Mädchen bringt d... Pferd ein Stück Zucker.

***26 Traduisez en allemand :**
Claudia achète des roses rouges à sa mère. ■ Peter offre un beau disque à son amie Brigitte. ■ Le vendeur montre un beau pull-over à ma mère. ■ L'employé *(der Angestellte)* vend des billets aux voyageurs. ■ Le vendeur montre une nouvelle voiture à mon frère. ■ Les parents achètent un ordinateur *(der Computer)* super *(toll)* à leurs enfants.

EXERCICES
DE SYNTHÈSE

27 Complétez les phrases suivantes à l'aide d'un adjectif choisi dans la liste ci-dessous :

glatt - groß - günstig - gut - hoch - offen - schlecht - streng.

Er hat die Arbeit nur mit... Mühe fertiggebracht. ■ Bei... Wetter fällt das Gartenfest aus. ■ Der Wagen ist auf... Straße ins Schleudern geraten. ■ Er fuhr mit... Geschwindigkeit gegen einen Baum. ■ Der Lehrer betrachtet die Schüler mit... Blick. ■ Aus... Gründen hat er das Angebot abgelehnt. ■ Als die Tochter nach Hause kam, wurde sie mit... Armen empfangen. ■ Bei... Wetter könnten wir einen Ausflug machen.

28 Complétez les phrases suivantes à l'aide d'un adjectif choisi dans la liste ci-dessous. (Ne pas oublier d'accorder le déterminant ! Certains adjectifs peuvent être utilisés plusieurs fois).

alt - breit - dumm - dunkel - dünn - elegant - eng - ewig - groß -hell - klein - rund - schmutzig - teuer.

Das Buch liegt auf d... ... Tisch dort. ■ Auf d... ... Speicher hängen allerlei Kleider in ein... ... Schrank. ■ In dies... ... Gasse können die Autos schlecht fahren. ■ In d... ... Allee haben sie viel mehr Platz. ■ In dies... ... Mansarde möchte ich nicht wohnen. ■ In d... ... Zimmer kann man viel besser arbeiten. ■ In dein... ... Kleid wirst du bestimmt frieren. ■ Mit d... ... Schuhen kommst du mir nicht in die Wohnung ! ■ Mit sein... ... Hut sieht er wie ein Cowboy aus. ■ Wenn sie mehr Geld hätte, würde sie ihre Kleider in ein... ... Boutique kaufen. ■ Was willst du denn mit ein... so... Uhr ? Du verlierst sie ja doch wieder ! ■ Ich kaufe lieber in d... ... Laden an der Ecke. ■ Aber in ein... ... Kaufhaus hat man mehr Auswahl. ■ Hör jetzt auf mit dein... ... Witzen ! ■ Mit dein... ... Meckern gehst du mir auf die Nerven !

*29 Faites des phrases en vous servant des groupes nominaux suivants :

Attention : **helfen** + *datif. Par exemple :* Der freundliche Verkäufer **hilft** dem ratlosen Kunden.
Wer hilft wem ?
eine freundliche Verkäuferin ■ der nette Busfahrer ■ der sympathische Nachbar ■ der erfahrene Trainer ■ die hübsche Krankenschwester ■ ein liebenswürdiger Polizist ■ der gefällige Handwerker ■ ein alter Freund ■ ein freundlicher Beamter ■ ein hilfsbereiter Fußgänger ■ der alte Herr ■ der junge Sportler ■ die ratlose Kundin ■ der ausländische Autofahrer ■ die alte Dame ■ das kleine Kind ■ der unbeholfene Junge ■ der schwerbeladene Fahrgast ■ das ratlose Fräulein ■ der überforderte Arzt.

EXERCICES DE SYNTHÈSE

30

Faites des phrases en vous servant des groupes nominaux suivants. N'oubliez pas de mettre les différents compléments au cas exigé par leur fonction !

Wer bringt *wem was ?*

Exemple : Der Briefträger bringt dem Kind ein schweres Paket.

Wer : der Junge ■ der Briefträger ■ ein Lieferant ■ der Weihnachtsmann ■ das Mädchen ■ ein Postbote ■ die Nachbarin ■ der Blumenhändler.

Wem : das Mädchen ■ die Großmutter ■ wir ■ der Schuster ■ der Automechaniker ■ der Geschäftsinhaber ■ die Kinder ■ die Dame .

Was : eine hübsche Ansichtskarte ■ teure Spielsachen ■ ein Strauß Rosen ■ die abgetretenen Schuhe ■ das reparaturbedürftige Motorrad ■ die bestellte Ware ■ ein wichtiges Telegramm ■ ein Korb Äpfel.

31

Complétez :

a. Nominatif ■ Lieb... Eltern, Lieb... Herr Müller, Sehr geehrt... Frau Klein, Lieb... Großmutter, Lieb... Peter, Mein... lieb... Brigitte, Mein lieb... Kind, Sehr geehrt... Herr Direktor, Sehr geehrt... Herren.

b. Accusatif ■ Gut... Tag! Gut... Nacht! Gut... Morgen! Viel... Dank! Viel... herzlich... Dank! Best... Dank! Herzlich... Grüße! Herzlich... Glückwunsch zum Geburtstag! Gut... Besserung! Schön... Wochenende! Gut... Reise! ■ Schön... Ferien! Angenehm... Fahrt! All... Gut... !

c. Datif ■ Mit d... best... Grüßen! Mit freundlich... Grüßen! Mit vorzüglich... Hochachtung!

32

En vous servant des formules de politesse appropriées, rédigez (N.C.) *:*

1. Une lettre adressée au directeur d'une entreprise dans laquelle vous voudriez travailler. 2. une carte postale que vous envoyez à un(e) ami(e) durant les vacances. 3. une conversation avec un(e) voisin(e) dans laquelle vous demandez des nouvelles d'un malade.

4. LE GÉNITIF

Complément du nom (d'appartenance) Ex. : *Das Auto* ***meines Vaters*** *ist ganz neu.* (Voir tableaux, pp. 96-98).

Après certaines prépositions dont les plus courantes sont : *trotz, während, wegen...* Ex. : ***Wegen des schlechten Wetters*** *konnten wir nicht spazierengehen.*

Génitif saxon (avec les prénoms et les noms propres) Ex. : ***Peters*** *Auto ist ganz neu.* ***Giselas*** *Kleid gefällt mir gut.* ***Herrn Müllers*** *Kinder sind schon groß.*
Attention : pas d'apostrophe en allemand pour le génitif saxon !

ARTICLE DÉFINI

33 Complétez :

Der Hut d... alt... Dame ist grün. ■ Die Farbe d... neu... Auto... gefällt mir gut. ■ Der Kofferraum d... klein... Wagen... ist doch ziemlich groß. ■ Das Fahrrad d... dreizehnjährig... Mädchen... ist ganz neu. ■ Die Spieler d... deutsch... Mannschaft spielen gegen Frankreich. ■ Die Leistung *(la performance)* d... französisch... Spieler war hervorragend *(excellent).*

34 Complétez les phrases ci-dessous à l'aide des mots suivants que vous mettrez au génitif (N.C.) :

(Peter - Gisela - Herr Wagner - Steffen - Christina)
■ ...Fahrrad ist rot. ■ ...Moped fährt ziemlich schnell. ■ ... Wagen steht noch in der Garage. ■ Hast du... Schlüssel gesehen? ■ Wo sind denn... Schuhe?

MEINES / MEINER

35 Complétez :

Kennst du deine Familie? *Ex. :* Meine Kusine ist die Tochter **meines Onkels** und **meiner Tante.**
Mein Onkel ist... mein... oder mein... ■ Meine Tante ist... ■ Meine Großeltern sind... ■ Mein Vetter ist... ■ Mein Neffe *(neveu)* ist... ■ Meine Nichte *(nièce)* ist... ■ Mein Urgroßvater ist... ■ Meine Urgroßmutter ist... ■ Und ich bin... *(trouvez plusieurs possibilités !)*

DATIF / GÉNITIF

36 Complétez :

Wem gehört das alles? ■ Der Opel gehört mein... Vater. ■ Der Mercedes gehört mein... Mutter. ■ Das Fahrrad gehört mein... Bruder. ■ Das Moped gehört mein... Schwester. ■ Die Handtasche gehört mein... Kusine. ■ Das T-Shirt gehört

DATIF / GÉNITIF

mein... Vetter. ■ Der Kassettenrecorder gehört mein... Onkel. ■ Der Schal gehört mein... Großmutter. ■ Der Hut gehört mein... Großvater. ■ Der Pelzmantel gehört mein... Tante. ■ Das Haus gehört mein... Eltern. ■ Der Garten gehört mein... Großeltern. ■ Der Walkman gehört mein... Freund Jan.

EXERCICES DE SYNTHÈSE

37 **Reprenez les phrases ci-dessus en ajoutant un adjectif épithète au substantif qui se trouve en tête de phrase** (N.C.) :
Ex. : Der grüne Opel gehört meinem Vater.

38 **Reprenez les phrases de l'exercice 36 en les transformant selon le modèle suivant :**
Der Opel gehört meinem Vater. Das ist der Opel meines Vaters.

39 **Transformez les phrases de l'exercice 37 selon le modèle suivant** (N.C.) :
Hast du den grünen Opel meines Vaters schon gesehen?

***40** **Complétez :**
Jugend in der Antike und heute ■ Plato (427-347 vor Christus) schrieb : „Was geschieht mit unser... jung... Leut...? Sie verachten *(méprisent)* d... Älter..., gehorchen nicht ihr... Eltern. Sie rotten sich *(forment des bandes)* auf d... Straße... zusammen und stoßen wild... Sprüche aus. Was soll nur aus ihnen werden?" ■
Nun, aus jung... Leut... werden Eltern, die wiederum über ihr... Kinder klagen.

***41** **Complétez (s'il y a lieu) cet article de journal extrait de la *Frankfurter Allgemeine Zeitung* :**
Vorbereitung auf den Ruhestand. ■ „Jahrelang hat man nur für d... Arbeit gelebt, plötzlich aber hat man nichts mehr zu tun — und dann steht man da." Solch ein... Stoßseufzer *(le soupir)* ist von viel... Männer... und Frau... zu hören, die gerade in d... „wohlverdient... Ruhestand" getreten sind. Was sie sich während d... lang... Jahre immer wieder ausgemalt haben, endlich einmal ausschlafen, endlich kein... Anordnungen mehr und kein „Muß", endlich reisen und sich d... Garten widmen *(se consacrer à + D.)*, das erweist sich, einmal herangekommen, eher als ein ... Unglück. Ausgeschlafen ist man in ein paar Tage..., d... Garten ist bald in Ordnung, einig... Reise... sind gemacht worden. Und was tun? D... Arbeit, zuvor Mittelpunkt d... Leben..., ist Vergangenheit. Ein... Gefühl d... Leere breitet sich aus. Wissenschaftler haben dafür ein... Name... gefunden : Pensionierungsschock.

EXERCICES DE SYNTHÈSE

*42 Complétez ce texte édité par l'Office du Tourisme de Cologne :

Köln. In Köln fühlen sich d... Touristen sofort zu Hause. In d... Stadt findet man sich gleich zurecht. D... Zentrum liegt a... Dom. Von dort geht man zum Beispiel zu... Fußgängerparadies „Hohe Straße", zu... Altstadt, zu d... berühmt... romanisch... Kirchen, zu d... Museen, zu... Dom.
Gleich neben d... Dom finden Sie unzählig... Schätze aus d... deutsch... Geschichte i... Römisch-Germanisch... Museum. D... ganz... Welt d... Malerei findet man i... Wallraf-Richartz-Museum, und in d... Altstadt a... Rhein wird d... 19. Jahrhundert lebendig.
An jed... Ecke gibt es etwas Romantisches zu fotografieren und in d... gemütlich... Kneipen *(bistrots)* kann man sich bei ein... Glas Bier oder Wein von d... Stadtbummel erholen. Majestätisch fließt d... Rhein vorbei, viel... weiß... Schiffe laden zu ein... Rheinfahrt ein. Berühmt ist auch d... Rheinpark neben d... Messehallen mit sein... Tanzbrunnen.
Ein... schnell... erst... Überblick erhalten Sie bei ein... Stadtrundfahrt oder ein... Fußrundgang mit ein... Führer vo... Verkehrsamt aus. Dort gibt man Ihnen auch Auskunft und Prospekte in viel... Sprachen und hilft Ihnen bei d... Zimmersuche.

*43 Complétez (s'il y a lieu) cet article du journal *Die Welt* :

Umwelttechnologie. ■ Es gibt kaum ein... Feld, auf dem d... Umweltschutz über so lang... Erfahrungen, über ein... so weit entwickelt... Know-how *(le savoir-faire)* und über vergleichbar... Erfolgsbilanzen verfügt *(dispose de)* wie bei... Wasserschutz. Anders als bei d... Fragen d... Luftverschmutzung, die mit d... Waldsterben ein... neu... wissenschaftlich noch gar nicht erfaßbar... *(qu'on ne peut mesurer)* Dimension gewonnen haben, und anders als bei... Bodenschutz, der erst in jüngst... Zeit in... Blickfeld ökologisch... Vorsorgepolitik geraten ist *(retient l'attention)*, wurde bei... Gewässerschutz d... Grundgerüst *(les grandes lignes)* bereits in d... siebziger Jahr... getroffen.

44 a. En vous inspirant du texte sur Cologne, rédigez un prospectus vantant les charmes d'une autre ville célèbre.

Par exemple (N.C.) :
Besuchen Sie Heidelberg, die Stadt mit..., wo...
Indications lexicales : die Altstadt - das Schloß - die Fußgängerzone - die Universität - die Gäßchen - die Geschäfte - die Buchhandlungen - romantisch - berühmt - bekannt - lebhaft - beliebt - ehrwürdig - eng - malerisch - angenehm - ruhig - erholsam.

b. Rédigez un texte vantant les charmes de la ville ou du village où vous habitez.

5. LES MASCULINS FAIBLES

(Voir tableau, p. 97).

Singulier	Pluriel	Attention !	
der Junge *den Jungen* *dem Jungen* *des Jungen*	*die Jungen* *die Jungen* *den Jungen* *der Jungen*	*der Herr* *den Herrn* *dem Herrn* *des Herrn*	*die Herren* *die Herren* *den Herren* *der Herren*

Quelques exemples parmi les mots les plus courants :

der Bauer - der Mensch - der Kollege - der Kamerad - der Held -
der Nachbar (mais aussi *des Nachbars)*
der Abiturient - der Architekt - der Advokat - der Philosoph - der Polizist -
der Journalist - der Student - der Prinz
der Franzose - der Chinese - der Russe - der Pole - der Bayer - der Grieche - etc.

L'apposition se met au même cas que le nom auquel elle se rapporte.
Ex. : *Hast du Herrn Fischer, unseren neuen Nachbarn, schon gesehen?*

LES MASCULINS FAIBLES

45 Complétez :

Nach dem Abitur wissen viel... Abiturient... nicht, was sie studieren wollen. ■ Kennst du d... Journalist..., der über den Skandal berichtet hat? Es handelt sich um ein... bekannt... Advokat... und ein... reich... Prinz... ■ D... Student... beschäftigen sich mit dem Werk ein... berühmt... Philosoph... ■ Mein Freund ist gerade bei sein... Architekt..., um die Pläne für sein Haus zu besprechen. ■ Der Einbrecher wurde von ein... Polizist... verhaftet. ■ Ich kann dies... Mensch... nicht mehr trauen, nie sagt er die Wahrheit.

*46 Complétez :

Frag doch Herr... Müller, dein... Kolleg..., ob er Bescheid weiß! ■ D... klein... Jung... interessiert sich für Siegfried, d... berühmtest... Held... der deutschen Sagenwelt. ■ D... Student liest ein Buch von Kant, d... groß... deutsch... Philosoph... ■ Hätten Sie vielleicht ein Zimmer für dies... Jung..., ein... Schulkamerad... meines Sohnes? ■ Ich werde mit Herr... Legrand, ein... Franzos..., den ich in den Ferien kennengelernt habe, darüber sprechen. ■ Er wohnt mit Naki, ein... Griech..., in einem Studentenwohnheim. ■ Haben Sie schon von Romanov, d... berühmt... Russ..., gehört?

LES MASCULINS FAIBLES

*47 Traduisez en allemand :

Ils ont deux enfants, un fils et une fille. ■ C'est le fils d'un architecte célèbre. ■ Les articles de ce jeune journaliste sont toujours intéressants. ■ Pendant les vacances, j'ai fait la connaissance d'un jeune Bavarois. ■ Je l'ai présenté à Monsieur Lang, mon sympathique collègue. ■ J'en ai parlé à Franz, un camarade de classe de mon fils.

EXERCICE DE SYNTHÈSE

*48 Faites des phrases en vous servant des verbes et des substantifs ci-dessous :

Ex. : sprechen / Kamerad. → Sprich zuerst mit deinem Kameraden!
einladen / Junge ■ helfen / Student ■ holen / Herr ■ fragen / Journalist ■ schreiben / Präsident ■ anrufen / Franzose ■ besuchen / Nachbar ■ kennen / Polizist.

6. L'ADJECTIF SUBSTANTIVÉ

Lorsqu'il est employé comme substantif, l'adjectif prend une majuscule et se décline comme s'il précédait un nom. Ex. :

der alte Mann	*der Alte* *den Alten* *dem Alten* *des Alten*	*die Alten* *die Alten* *den Alten* *der Alten*
ein alter Mann *eine alte Frau* *alte Menschen*	*ein Alter* *eine Alte* *Alte*	

Exemples d'adjectifs employés fréquemment comme substantifs :
der Arbeitslose - der Arme - der Behinderte - der Fremde - der Alte - der Angeklagte - der Blinde - der Gelähmte - der Jugendliche - der Kranke - der Stumme - der Taubstumme - der Verletzte - der Reiche - der Tote et aussi : *der Beamte - der Deutsche - der Reisende.*

ADJECTIF SUBSTANTIVÉ

49 **Complétez :**
Ein Blind... kann nicht sehen. ■ Ein Gelähmt... kann nicht gehen. ■ Der Behindert... braucht die Hilfe seiner Familie. ■ Eine Taubstumm... kann weder sprechen noch hören. ■ Die Stumm... können nicht sprechen. ■ Die Arm... haben oft nicht genug zu essen. ■ Alle müssen sterben, d... Arm... und d... Reich...

***50** **Traduisez en allemand :**
Nous avons un malade à la maison. ■ Ce malade a de la fièvre. ■ Les malades qui ont de la fièvre doivent rester à la maison. ■ Le médecin a parlé aux parents du malade. ■ L'infirmière a beaucoup de malades à soigner. ■ Connais-tu la malade qui est dans cette chambre ? ■ Le médecin prescrit *(verschreiben)* des médicaments aux malades.

***51** **Complétez :**
Die Beamten. ■ Heutzutage möchten viel... Jugendlich... Beamt... werden, obwohl d... Beamt... nicht sehr viel Geld verdienen (kein hohes Gehalt bekommen). In einer Zeit, wo es so viele Arbeitslos... gibt, hat ein Beamt... das Glück, einen sicheren Arbeitsplatz zu haben. Man kann ein... Beamt... nicht

entlassen, er müßte schon einen schlimmen Fehler gemacht haben. Manche spotten aber auch ein bißchen über d... Beamt... ; sie sagen, d... Beamt... wären nicht sehr fleißig und hätten keine Phantasie. Es gibt aber auch Ausnahmen : ich kenne ein... sehr nett... Beamt..., ein... alten Bekannt... meiner Eltern, der Spaß an seiner Arbeit hat. Er kümmert sich immer um d... Alt..., die in sein Büro kommen. Wie oft hat er schon ein... hilflos... Alt... geholfen, die mit ihren Formularen nicht fertig wurde !

*52 **Complétez :**

Im Krankenhaus. ■ Der Arzt hat einen schweren Tag hinter sich : außer (= *Datif*) d... Krank..., die er wie immer behandeln mußte, wurden auch viel... Verletzt... ins Krankenhaus gebracht. Es passierte nämlich ein schlimmer Unfall auf der Autobahn, bei dem es zwei Tot... und fünf Verletzt... gab. Der Arzt unterhielt sich gerade mit ein... Blind..., die bald operiert werden soll, als der Rettungswagen mit d... Verletzt... kam. Für ein... Verletzt... war es leider zu spät, der Arzt konnte nichts mehr für ihn tun; es handelt sich um ein... Jugendlich..., der ohne Sturzhelm Motorrad gefahren war. Bei den anderen war es zum Glück nicht so schlimm und sie konnten bald wieder nach Hause gehen.

*53 **Complétez :**

Das Problem d... Alt... in der heutigen Gesellschaft wird immer akuter. Die Regierung versucht, d... zahlreich... Arbeitslos... zu helfen. Viel... Jugendlich..., die aus der Schule kommen, finden keine Arbeit. Wenn ein Auszubildend... *(apprenti)* eine Lehrstelle findet, lernt er einen Beruf bei einem Meister.
Man sollte d... Alt... nicht in ein Altenheim tun, d... Alt... und d... Jung... sollten eher zusammen leben.

*54 **Complétez les phrases suivantes en reliant le membre de phrase ci-dessous qui convient :**

1. Die Regierung bemüht sich,... 2. Die Einsamkeit der Alten... 3. Zu jeder Jahreszeit kommen viele Fremde,... 4. Schon zu Platos Zeit beklagte man sich... 5. Viele Arbeitslose beneiden die Beamten,... 6. In Südfrankreich begegnet man im Sommer vielen Deutschen,... 7. Die Ärzte werden kaum mit den vielen Verletzten fertig,... 8. Es gibt nicht genug Lehrstellen...

a. ...ist ein akutes Problem der heutigen Gesellschaft. b. ... über das Verhalten der Jugendlichen. c. ...die täglich ins Krankenhaus gebracht werden. d. ...die unsere Stadt besichtigen wollen. e. ...das Schicksal der Behinderten zu bessern. f. ...für alle Auszubildenden in der BRD. g. ...die dort ihren Urlaub verbringen. h. ...die einen gesicherten Arbeitsplatz haben.

7. COMPARATIF ET SUPERLATIF

Steffen ist ***größer als*** *Peter* (comparatif de supériorité).
Peter ist ***nicht so*** *groß* ***wie*** *Steffen* (comparatif d'infériorité).
Uwe ist ***so*** *groß* ***wie*** *Steffen* (comparatif d'égalité).
Der ***größte*** *Schüler der Klasse heißt Jürgen* (superlatif).
Jürgen ist der größte von allen Schülern, aber Steffen läuft ***am schnellsten*** (superlatif de l'adverbe).

COMPARATIF ET SUPERLATIF

55 Faites des phrases selon le modèle :

Nürnberg - München (groß). ■ München ist **größer als** Nürnberg. ■ Nürnberg ist **nicht so** groß **wie** München.

die Donau - der Main (lang) ■ der Eiffelturm - das Straßburger Münster (hoch) ■ ein kleiner Volkswagen - ein großer Mercedes (teuer) ■ Gold - Blei (kostbar) ■ das Segelflugzeug - das Düsenflugzeug (modern) ■ ein großes Motorrad - ein kleines Moped (billig) ■ das Heidelberger Schloß - das Olympiastadion in Berlin (alt).

56 Faites des phrases selon le modèle :

der Hase - die Schildkröte (schnell laufen) ■ Der Hase **läuft schneller als** die Schildkröte. Die Schildkröte läuft **nicht so** schnell **wie** der Hase.

der Affe - der Elefant (gut klettern) ■ das Känguruh - der Bär (weit springen) ■ das Flugzeug - die Rakete (hoch steigen) ■ ein Motorrad - ein Moped (schnell fahren) ■ die Chinesen - die Deutschen (oft Reis essen) ■ die Engländer - die Deutschen (gern Tee trinken) ■ die Deutschen - die Franzosen (viel Bier trinken) ■ die Franzosen - die Spanier (viel Käse essen) ■ der unqualifizierte Arbeiter - der Ingenieur (viel verdienen) ■ der Direktor - ein Angestellter (viel Verantwortung haben).

57 Complétez les phrases suivantes selon le modèle :

(groß) Der Junge ist... als seine Freunde, er ist d... der Gruppe. ■ Der Junge ist **größer als** seine Freunde, er ist **der größte** der Gruppe.

(schnell) Dieser Sportler läuft... als wir alle ; er ist... des Vereins. ■ **(gut)** Die Brötchen aus dieser Bäckerei schmecken... als die aus dem Supermarkt ; es sind... aus der Stadt. ■ **(hoch)** Das

COMPARATIF ET SUPERLATIF

Münster ist... als alle Kirchen und Häuser; es ist... Gebäude der Stadt. ■ **(teuer)** Hier ist alles... als in anderen Geschäften; es ist... Boutique der ganzen Stadt. ■ **(bequem)** Das neue Auto ist... als das alte; es ist... in dieser Preislage. ■ **(billig)** Der japanische Wagen ist... als der deutsche; es ist... Kleinwagen, den es auf dem Markt gibt. ■ **(gut)** Er kann immer alles... als die anderen; er ist nämlich... Schüler der Klasse. ■ **(klein)** Der japanische Fernseher ist... als alle, die ich je gesehen habe; es ist... Fernsehapparat der Welt.

*58 Complétez les phrases suivantes en choisissant dans la liste ci-dessous l'adjectif ou l'adverbe qui convient :

bequem - billig - früh - groß - günstig - gut - leicht - rein - schlimm - schnell - wenig - leer - weit.

Auf dem Land wohnt man... als in der Stadt, und dort ist die Luft auch.... ■ Außerdem ist es..., frisches Obst und Gemüse bei den Bauern zu bekommen. ■ Es ist allerdings... bis zur Arbeit, und man muß morgens... aufstehen. ■ Mit dem Wagen ist man... in der Stadt als mit dem Bus, und man sitzt auch..., aber es ist nicht immer einfach, einen Parkplatz zu finden. ■ Samstags ist es noch..., wenn alle in die Stadt fahren, um in den Supermärkten... einzukaufen. ■ Dort ist die Auswahl nämlich auch... als beim Kaufmann im Dorf. ■ Am Abend geht es dann wieder..., wenn die Geschäfte geschlossen sind, trifft man... Menschen und Autos auf den Straßen. ■ Dann wird es... in der Stadt.

8. LES PRONOMS

Pronoms personnels (voir tableau, p. 98).

Nominatif	Accusatif	Datif	Nominatif	Accusatif	Datif
Singulier			**Pluriel**		
ich	mich	mir	wir	uns	uns
du	dich	dir	ihr	euch	euch
er	ihn	ihm	sie	sie	ihnen
sie	sie	ihr	Sie	Sie	Ihnen
es	es	ihm			

Le génitif du pronom personnel n'est plus guère utilisé.
Le pronom réfléchi a les mêmes formes que le pronom personnel, **sauf à la 3ᵉ personne** (singulier et pluriel), où il n'y a qu'une seule forme : ***sich***.
Ex. : *Ich kaufe* ***mir*** *die Zeitung. Setz* ***dich*** *auf die Bank! Er betrachtet* ***sich*** *im Spiegel. Er kauft* ***sich*** *einen Wagen. Sie freuen* ***sich*** *auf die Ferien. Sie geben* ***sich*** *viel Mühe. „Setzen Sie* ***sich****, bitte!" „Holen Sie* ***sich*** *etwas zu trinken!"*

PRONOMS PERSONNELS ET RÉFLÉCHIS

59 Complétez avec un pronom personnel à la forme qui convient :

— Guten Tag, Frau Beckmann, wie geht es... ? — Danke, es geht... gut. — Und wie geht es Ihrem Bruder? — Er war letzte Woche krank, jetzt geht es... Gott sei Dank wieder besser. Aber nun liegt seine Frau im Bett, jetzt geht es... nicht gut. Bei... war es letzten Winter auch so : einer nach dem anderen bekam die Grippe. Schließlich sagte meine Mutter : „Ihr seid ja alle krank. Ich komme nicht mehr zu..., sonst stecke ich mich noch an." „Mach... keine Sorgen," habe ich zu... gesagt, "du bist ja gegen Grippe geimpft." — Hat es etwas genützt? — Wahrscheinlich. Sie ist jedenfalls die einzige, die den ganzen Winter nicht krank war. So, jetzt muß ich gehen. Ich will meinen Bruder und meine Schwägerin besuchen. — Bestellen Sie... schöne Grüße und wünschen Sie... gute Besserung! — Danke, ich werde es... ausrichten!

60 Complétez avec un pronom personnel à l'accusatif :

Wo ist denn mein Kugelschreiber? Ich hatte... doch auf den Tisch gelegt. ■ Hast du meine Tasche gesehen? Ich hatte... eben noch in der Hand. ■ Ist das Buch neu? Ja, ich habe... heute morgen erst gekauft. ■ Und diese Hefte? Willst du... alle mitnehmen? Ja, ich brauche... heute nachmittag. ■ Hast du

PRONOMS PERSONNELS ET RÉFLÉCHIS

deine Uhr? Vergiß... nicht, sie liegt auf dem Tisch. ■ Kannst du mir den Pullover geben? Ich möchte... nämlich anziehen. ■ Ach, dieses Radio! Kannst du... nicht leiser stellen?

61 Remplacez le complément au datif par le pronom personnel correspondant, selon le modèle :

Brigitte kauft **ihrer Mutter** Blumen. Brigitte kauft **ihr** Blumen.

Der Vater kauft seinem Sohn ein neues Moped. ■ Uwe schreibt seiner Großmutter einen netten Brief. ■ Claudia schenkt ihrem Großvater ein spannendes Buch. ■ Die Kinder kaufen ihren Großeltern einen Blumenstrauß. ■ Bring dem Hund die Knochen! ■ Hol der Großmutter die Brille! ■ Zeig dem Mädchen den Weg! ■ Peter erzählt den Freunden von seiner Reise. ■ Die Freunde bringen Brigitte eine tolle Platte mit.

62 Cochez la solution qui convient :

Ist Uwe zu Hause? Ich möchte mit □ ihn □ ihr □ ihm □ sie sprechen.
Brigitte ist am Telefon; frag ihr □ sie □ es □ ihn □, ob sie morgen kommen kann.
Wo ist denn Peter? Ich habe etwas für □ ihm □ ihr □ ihnen □ ihn.
Er soll kommen, ich möchte □ ihn □ ihm □ ihr □ sie meine Fotos aus den Ferien zeigen.
Peter hat seinen Freund angerufen; er will □ ihnen □ ihr □ ihn □ sie zum Geburtstag einladen.
Er macht ein großes Fest; ich will □ ihn □ ihr □ es □ ihm helfen, alles für die Party vorzubereiten.
Wenn sie kommt, gebe ich □ ihm □ sie □ ihr □ ihnen das Buch zurück.
Frau Becker ist krank, ich bin den ganzen Nachmittag bei □ ihn □ ihm □ ihr □ sie geblieben.
Der Großvater liegt im Krankenhaus, wir sollten □ ihm □ ihnen □ sie □ ihn besuchen.
Frau Radomski hat es mir gesagt, ich habe die Nachricht durch □ es □ ihr □ ihn □ sie erfahren.

63 Complétez les phrases selon le modèle :

Peter hat Rosen für seine Mutter gekauft; er schenkt **sie ihr**.

Christine hat ein Buch für ihren Freund gekauft; sie schenkt... ■ Jan hat eine Kassette für seinen Freund gekauft; er schenkt... ■ Petra hat eine Platte für ihre Mutter gekauft; sie schenkt... ■ Die Kinder haben ein Radio für ihre Eltern gekauft; sie schenken... ■ Die Großmutter hat eine Puppe für ihre Enkelin gekauft; sie schenkt... ■ Der Enkel hat eine Pfeife für seinen Großvater gekauft; er schenkt... ■ Die Mutter hat Turnschuhe für ihre Kinder gekauft; sie schenkt...

64 Cochez la bonne solution :

Wo ist denn Brigitte? Ruf ☐ ihr ☐ ihm ☐ es ☐ sie bitte, und sag ☐ sie ☐ ihm ☐ ihr ☐ ihn, sie soll sich beeilen.
Wo kommst du her? Ich war bei Peter; ohne ☐ ihr ☐ er ☐ ihn ☐ ihm hätte ich meine Mathematikarbeit nie geschafft.
Wo ist Petra? Sag ☐ sie ☐ ihr ☐ ihm ☐ ihnen bitte, sie soll schnell kommen.
Wenn du Steffen siehst, frag ☐ ihm ☐ ihr ☐ sie ☐ ihn doch, ob er mitmachen will.
Ruf Petra und Sabine an, und frag ☐ ihr ☐ ihm ☐ ihnen ☐ sie, ob sie mit uns ins Kino gehen wollen.
Sie sind nicht zu Hause, aber ihre Mutter sagt es ☐ ihr ☐ ihm ☐ ihnen ☐ ihn, wenn sie zurückkommen.
Warten wir auf ☐ sie ☐ ihr ☐ ihnen ☐ ihm, ich würde nämlich gern mit ☐ ihr ☐ sie ☐ ihn ☐ ihnen ins Kino gehen.
Wenn sie aber zu spät nach Hause kommen, gehen wir eben ohne ☐ es ☐ ihr ☐ ihnen ☐ sie.

65 Traduisez en allemand :

Demande-lui s'il peut venir. ■ Téléphone à ton amie et demande-lui si elle veut venir demain. ■ Elle m'a répondu qu'elle ne se sentait pas bien. ■ Je lui ai dit que je viendrai la voir *(besuchen)* demain.

*66 Complétez avec le pronom personnel ou réfléchi qui convient :

Sie möchte... ein Moped kaufen, ich soll... einen Rat geben. ■ Die Kinder freuen... auf die Ferien. Der Urlaub wird... gut tun. ■ Ich schenke... eine Uhr zum Geburtstag; die hat er... schon lange gewünscht. Hoffentlich gefällt sie...! ■ Mach... nicht nervös mit den Fragen, die du... immer wieder stellst! Es reicht mir jetzt! ■ Sie ißt gern Süßes : sie hat... Pralinen gekauft; ich glaube, sie haben... geschmeckt. ■ Sie hat... ein Buch geschenkt; es hat mir gut gefallen, es hat... sehr interessiert. ■ Du, Wolf, wie hat... das Buch gefallen, das ich... empfohlen habe? ■ Er hat... Bonbons in der Apotheke gekauft, hoffentlich helfen sie... ■ ...hilft keine Arznei, wenn ich Kopfschmerzen habe.

*67 Complétez avec le pronom personnel ou réfléchi qui convient :

Wenn die Schüler versuchen, vom Nachbarn abzuschreiben, sagt der Lehrer zu... : „Jeder soll für... arbeiten!“ ■ Sie opfert... ganz für ihre Kinder auf : sie gibt... alles und denkt nicht an... ■ Der Arzt hat gesagt : „Sie müssen... schonen, denken Sie auch mal an...!“ ■ Ich mußte... Geld leihen, er wollte... eine Zeitung kaufen und hatte kein Geld bei... ■ Sag..., wenn sie hinausgeht, soll sie die Tür hinter... zumachen. ■ Ich war gestern bei... : seit sie in der neuen Wohnung sind, hat jedes Kind ein Zimmer für... ■ So ein Egoist! Er denkt nur an....

PRONOMS PERSONNELS ET RÉFLÉCHIS

*68 Traduisez en allemand :

Ferme la porte derrière toi ! ■ Ce sont des égoïstes, ils ne pensent qu'à eux. ■ Il travaille pour lui et pas pour les autres. ■ Elle n'avait pas d'argent sur elle, elle ne pouvait pas s'acheter de cigarettes.

*69 Complétez le récit suivant avec un pronom personnel ou réfléchi :

Ein freundlicher Apotheker.

Der Junge fühlt... nicht gut. Was hat... denn? ... hat Fieber, seine Mutter meint, ... hat Grippe. ... ruft den Arzt. ... kommt noch am selben Nachmittag und fragt die Mutter : „Na, was fehlt... denn?" — „Ich glaube, ... hat... erkältet." — „Ich will... gleich untersuchen", sagt der Arzt. „Ja, es ist eine Bronchitis." Dann verschreibt... Medikamente und gibt der Mutter das Rezept. ... nimmt... und geht gleich in die Apotheke. Der Apotheker fragt... : „Ist es für..., Frau Becker?" — „Nein, für meinen Sohn. Er wird... wohl vorgestern nach dem Training erkältet haben. Er hätte... gleich ins Bett legen sollen, aber... meinte, ... würde auch so weggehen. Er läßt... ja nichts sagen. Da... ... heute früh nicht besser ging, habe ich Doktor Schilling gerufen. ... hat... für zwei Wochen verboten, Sport zu treiben, und auch danach soll er... noch schonen." — „Zeigen ... mal her, was auf dem Rezept steht. Das sind aber viele Medikamente. Ich weiß gar nicht, ob ich... alle da habe. Aber ich kann... ja bestellen. Wenn... morgen nicht vorbeikommen können, lasse ich... ... ins Haus bringen."

PRONOMS POSSESSIFS

70 Complétez :

Kannst du mir dein Buch leihen? Ich habe m... nämlich vergessen. ■ Meistens kommt er mit dem Wagen seiner Frau, heute ist er ausnahmsweise mit sei... gekommen. ■ Ist das euer Haus? Nein, u... steht auf der anderen Seite. ■ Mein Feuerzeug ist leer, möchten Sie mir I... leihen? ■ Wenn dein Rad nicht in Ordnung ist, kannst du ruhig m... nehmen. ■ Ist das Ihr neuer Wagen? Nein, der gehört meinem Freund, m... ist schon wieder in der Werkstatt. ■ Was! so viel Benzin verbraucht Ihr Wagen? Mit m... verbrauche ich nur fünf Liter pro hundert Kilometer. ■ Brigitte behauptet, ihre Arbeit wäre die beste, Klaus meint, es wäre s... ■ Leihst du mir dein Moped? — Kannst du nicht d... nehmen? Nein, in m... habe ich kein Benzin mehr. — Und wie wäre es mit deinem Rad? Das habe ich meiner Schwester geliehen, i... war nämlich kaputt.

Pronoms interrogatifs
Wer ? — Was ? — Wen ? — Was ? — Wem ? — Wessen ?

Die Mutter hat den Arzt gerufen.
wer ? wen ?

Der Arzt verschreibt dem Kranken Medikamente.
wer ? wem ? was ?

Der Wagen des Arztes steht vor der Tür.
wessen Wagen ?

Der Junge spielt mit seinem Freund.
mit wem ?

Der Junge spielt mit seinem neuen Ball.
womit ?

Jeden Tag gehen sie in die Schule.
wann ? wohin ?

Seit Ostern wohnt er in der Stadt.
seit wann ? wo ?

PRONOMS INTERROGATIFS

71 **Posez les questions correspondant aux groupes en italique :** *Jan und Christoph* wollen von Köln nach Freiburg wandern. ■ Sie nehmen *ihre Rucksäcke* und gehen los. ■ Am Abend wollen sie *bei Bauern* in der Scheune schlafen. ■ Oder sie schlagen *ihr Zelt* auf einer Wiese auf. ■ *Manche Leute* haben Angst *vor den beiden Wanderern.* ■ *Sie* wollen *die Jungen* nicht ins Haus hereinlassen. ■ *Von den meisten* aber werden *die zwei Jungen* freundlich aufgenommen. ■
Jan lädt *seinen Freund Christoph* zum Wochenende ein. ■ *Christoph* bringt *seinem Freund die Fotos aus den Ferien* mit. ■ *Jan* zeigt *seinen Freunden die Dias aus dem Schwarzwald.* ■ *Jans Dias* sind auch nicht schlecht.

72 **Posez les questions se rapportant aux groupes en italique :** *Jeden Tag* liest *mein Onkel eine deutsche Zeitung.* ■ *Heute abend* gehen *meine Freunde ins Konzert.* ■ *Sie* fahren *mit dem Bus in die Stadt.* ■ *Ein Student* paßt *auf die Kinder* auf. ■ Die Eltern *dieser Kinder* können ruhig ausgehen, *ihre Kinder* sind nämlich in guten Händen. ■
Der Student hat *den Kindern ein Memory-Spiel* mitgebracht. ■ *Er* spielt *den ganzen Abend mit den Kindern.* ■ *Die Kinder* freuen sich immer *auf seinen Besuch.* ■ *Nach dem Essen* setzen sie sich manchmal *vor den Bildschirm.* ■ Dann bringt *der Babysitter die Kinder ins Bett.* ■ *Um Mitternacht* sind *die Eltern* wieder *zu Hause.*

Pronoms relatifs
(Déclinaison : voir tableau, p. 98).

Le pronom relatif se décline comme l'article défini, sauf au génitif singulier et pluriel et au datif pluriel.
Il s'accorde en genre et en nombre avec son antécédent, c.-à-d. le nom qu'il remplace dans la proposition qui précède la subordonnée relative, mais **il se met au cas voulu par sa fonction dans la subordonnée relative,** par exemple sujet, complément d'objet direct, complément d'attribution...

Ex. : *Kennst du den Jungen,* ***der*** dort *über die Straße geht?* **(sujet).** *Der Junge,* ***den*** *ich gestern anrufen wollte, war nicht zu Hause* **(complément d'objet direct).** *Der Junge,* ***dem*** *ich das Buch geliehen habe, hat es schon gelesen* **(complément d'attribution).** *Der Junge,* ***dessen*** *Eltern zur Zeit verreist sind, ißt in der Kantine* **(complément du nom).**

Les relatifs *Wer, Was*
Wer : celui qui. Ex. : *Wer nicht mitkommen will, (der) kann zu Hause bleiben.*
Was : ce qui, ce que. Ex. : *Was du mir erzählt hast, (das) kann ich einfach nicht glauben.*

Pronoms relatifs précédés d'une préposition :
Ex. : *Der Junge,* ***mit dem*** *du ausgehst, gefällt mir gar nicht* (l'antécédent désigne une personne). *Das Thema,* ***womit*** *wir uns beschäftigen, ist sehr interessant* (l'antécédent ne désigne *pas* un être animé).

NOMINATIF

73 **Transformez les phrases suivantes selon le modèle** (N.C.) : Ein Tischler macht Möbel. Ein Tischler **ist ein Handwerker, der** Möbel macht.

a. *Masculin :* Ein Automechaniker repariert Autos. ■ Ein Schuster flickt Schuhe. ■ Ein Maurer baut Häuser.

b. *Féminin :* Eine Hausfrau ist nicht berufstätig. ■ Eine Lehrerin unterrichtet in der Schule. ■ Eine Krankenschwester pflegt die Kranken. ■ Eine Apothekerin verkauft Medikamente.

c. *Neutre :* Ein Affe kann die Bäume hinaufklettern. ■ Ein Hund kann das Haus hüten. ■ Eine Katze frißt gern Mäuse. ■ Ein Kamel kann tagelang durch die Wüste gehen, ohne zu trinken.

d. *Pluriel :* Türken sind in der Türkei geboren. ■ Griechen sind in Griechenland geboren. ■ Jugoslawen sind in Jugoslawien geboren. ■ Italiener sind in Italien geboren.

ACCUSATIF

74 Transformez les phrases selon le modèle :

Er kommt von einer Weltreise zurück. Aus Japan hat er einen vollautomatischen Fotoapparat mitgebracht. Der Fotoapparat, **den** er aus Japan mitgebracht hat, ist vollautomatisch.

In Mexiko hat er einen schicken Hut gekauft. ■ Aus Norwegen hat er einen sehr dicken und warmen Pullover mitgebracht. ■ In Kanada hat er sich einen sehr bequemen Pelzmantel gekauft. ■ In Italien hat man ihm eine Tasche aus Leder geschenkt. ■ Aus der Schweiz hat er eine Quarzuhr aus Gold mitgebracht. ■ In Griechenland hat er eine Statue aus Marmor gefunden. ■ In Indien hat er ein wunderschönes Seidenkleid bekommen. ■ Aus Bayern hat er ein hübsches Dirndlkleid mitgebracht. ■ In Limoges hat er sehr feines Porzellan gekauft. ■ Aus Nürnberg hat er Spielsachen aus Holz mitgebracht. ■ In Schweden hat man ihm bequeme Holzschuhe geschenkt. ■ In der Schweiz hat er köstliche Pralinen gekauft.

DATIF

75 Transformez les phrases selon le modèle :

Der Junge spielt mit einem neuen Ball. Der Ball, **mit dem** der Junge spielt, ist neu.

Der Junge spielt mit einem jungen Hund. ■ Der Junge spielt mit einem leichten Tennisschläger. ■ Ich sitze in einem sehr bequemen Sessel. ■ Der Millionär sitzt in einem prächtigen Auto. ■ Der Junge spielt mit einem modernen Flugzeug. ■ Wir wohnen in einem sehr bequemen Haus. ■ Das Mädchen spielt mit einer süßen Puppe. ■ Der Junge spielt mit einer uralten Eisenbahn. ■ Er hat lange in einer dunklen Wohnung gelebt. ■ Die Kinder spielen mit neuen Tennisschlägern. ■ Er beschäftigt sich ständig mit schwierigen Problemen. ■ Sie verbringen ihre Ferien immer auf überfüllten Campingplätzen.

GÉNITIF

76 Complétez les phrases suivantes avec un pronom relatif au génitif :

Der Junge, . . . Moped gestohlen wurde, geht zur Polizei. ■ Du wirst doch nicht einen Pullover kaufen, . . . Farbe dir nicht gefällt? ■ Mein Onkel, . . . Frau verreist ist, muß jetzt selbst kochen. ■ Eine Frau, . . . Mann gestorben ist, ist eine Witwe. ■ Du kennst doch die Schauspielerin, . . . Foto diese Woche in allen Zeitschriften ist? ■ Die Oma, . . . Motorrad kaputt ist, muß eben zu Fuß gehen. ■ Ein Kind, . . . Eltern gestorben sind, ist eine Waise. ■ Wem gehört das Haus, . . . Läden immer geschlossen sind? ■ Das Münster, . . . Turm 162 Meter hoch ist, wurde im 15. Jahrhundert gebaut. ■ Die Kinder, . . . Eltern im Kino sind, sitzen den ganzen Abend vor dem Fernseher. ■ Die Schüler, . . . Zensuren zu schlecht sind, werden nicht versetzt. ■ Die armen Leute, . . . Häuser durch ein Erdbeben zerstört wurden, sind jetzt obdachlos.

EXERCICES DE SYNTHÈSE

***77 Complétez avec des pronoms relatifs :**

Eine internationale Umweltschutzorganisation *(protection de l'environnement),* ... für saubere Flüsse und Meere kämpft, arbeitet zur Zeit auf dem Rhein, in... Wasser man allerlei chemische Produkte finden kann, ... für die Menschen gefährlich sind. Zwei junge Leute, ... kleines Schlauchboot *(canot pneumatique)* bereit steht, steigen ein und fahren los. Sie wollen Wasserproben *(échantillon)* an verschiedenen Stellen nehmen, ... ihnen verdächtig *(suspect)* scheinen. Zuerst fahren sie an einen Abwasserkanal, ... Wasser sie untersuchen wollen, und etwas später an ein großes Schiff heran, ... vor einem Chemiewerk liegt. Der Kapitän des Schiffes, für... sich die jungen Leute so sehr interessieren, hat sich eigentlich nichts vorzuwerfen : das chemische Produkt, ... er in die Nordsee bringen will, darf man dort ablassen. Man muß dabei aber bestimmte Gesetze beachten, ... ein gewisses Quantum festlegen, ... man in die See schütten darf. Derjenige, ... diese Gesetze nicht beachtet, trägt zum Sterben der Nordsee bei, ... Wasser bald unbrauchbar wird. Die zwei Männer, ... die Wasserproben genommen haben, bringen die Plastikflaschen, in... das Wasser enthalten ist, ins Labor, ... auf dem Boot eingerichtet ist. Dort analysieren drei Spezialisten, von... einer vorher in der chemischen Industrie gearbeitet hat, den Inhalt *(contenu)* der Flaschen. Das Ergebnis *(résultat)* des Tests, ... er gemacht hat, zeigt, daß der Stoff, ... Konzentration viel zu hoch ist, für das Rheinwasser schädlich ist.

***78 Complétez avec des pronoms relatifs :**

Vor dem Schaufenster. „Du, siehst du den hübschen Pullover dort? ■ Welchen denn? Den roten, ... einen dicken Rollkragen hat? ■ Nein, den blauen, ... ganz weite Ärmel hat. ■ Der sieht ungefähr so aus wie der schicke Pulli, ... ich mir in England gekauft habe. ■ Oder was sagst du zu der Wolljacke dort, ... ganz hinten im Schaufenster liegt? ■ Die gelbe mit den grünen Streifen? ■ Nein, die graue, ... so schöne Holzknöpfe hat. ■ Ja, die gefällt mir, aber wozu willst du eine solche Jacke tragen, ... doch sehr sportlich aussieht? Hast du eine Hose, zu... die Jacke paßt? ■ Eine Hose hätte ich schon, aber ich habe auch einen sportlichen Rock, zu... die Jacke gut passen würde. ■ Na, sollen wir mal reinschauen? ■ Warte, ich weiß noch nicht so recht. Ich möchte sehen, ob sie auch Blusen haben. Ich suche nämlich eine elegante Bluse, ... ich zu meinem schwarzen Rock tragen kann. ■ Du hast doch noch die aparte Seidenbluse, ... Peter dir aus Japan mitgebracht hat. ■ Ja schon, aber ich möchte eine klassische Bluse, mit... man nicht so auffällt, wenn man mit Leuten zusammenkommt, ... das Exotische nicht so sehr gefällt. ■ Dann kauf dir doch die graue Bluse, ... Kragen so hochgeschlossen ist, daß man damit sehr dezent angezogen ist. ■ Hör doch auf! Ich will ja keine Bluse kaufen, mit... ich wie eine alte Oma aussehe. ■ Na, laß uns mal reingehen! Die Verkäuferin wird dir bestimmt noch andere Modelle zeigen, ... nicht ausgestellt sind und von... dir eines gefallen wird. ■ Mal sehen. Aber du weißt, ich bin wählerisch."

***79** **Complétez avec des pronoms relatifs :**

Die alte Frau, von... im Text die Rede ist, geht in ein Geschäft, in... sie ein Radio kaufen möchte. Der Verkäufer, ... sie bedient, ist ein Ausländer, ... Deutschkenntnisse nicht sehr groß sind. Er kennt nur die Zahlen, ... er für seine Arbeit braucht. Er weiß auch nicht, daß die alte Frau, ... er Auskunft geben soll, mehr möchte als eine einfache Information über die Geräte, ... im Geschäft zu kaufen sind. Er hat kein Verständnis für die alten Leute, ... Probleme er nicht kennt. Die Kunden, mit... er sich am liebsten abgibt, sind junge Leute, ... gut Bescheid wissen und... man nicht einmal die Preise zu sagen braucht. Der Junge, ... er sich zugewandt hat, weiß ganz genau, wie der Apparat funktioniert, ... er sich schon im Katalog ausgesucht hat, ... in seinen Briefkasten gesteckt worden war. Die alte Frau, um... sich niemand im Geschäft kümmert, geht wieder fort. Auf dem Tisch stehen die Apparate noch, ... der Verkäufer hingestellt hatte und für... sich die alte Frau eigentlich interessierte. Jetzt geht sie in ein kleineres Geschäft, in... die Auswahl vielleicht geringer ist, aber in... die Verkäufer sich mehr Zeit nehmen, um mit den Kunden zu sprechen, ... Hilfe und Beratung brauchen.

Le groupe qualitatif

Une proposition subordonnée relative peut être remplacée par un groupe qualificatif. Ex. : *Eine 300 Meter breite Brücke führt über den Fluß.* (Groupe qualificatif)
Eine Brücke, die 300 Meter breit ist, führt über den Fluß.
(Proposition subordonnée relative)

Die Menge hörte ***dem schon seit einer Stunde sprechenden Politiker*** *begeistert zu.*
Die Menge hörte dem Politiker, ***der schon seit einer Stunde sprach,*** *begeistert zu.*

Vielleicht hilft ihm ***die vor kurzem in Amerika hergestellte Arznei.***
Vielleicht hilft ihm die Arznei, ***die vor kurzem in Amerika hergestellt wurde.***

Construction du groupe qualificatif :

déterminant + compléments + adjectif épithète + nom déterminé
déterminant + compléments + participe présent + nom déterminé
déterminant + compléments + participe passé + nom déterminé
Le groupe qualificatif se rencontre essentiellement dans la langue écrite, notamment dans le style journalistique.

LE GROUPE QUALITATIF

*80 Transformez les groupes qualificatifs en propositions subordonnées relatives :

Hier soll eine 10 Meter breite Straße gebaut werden. ■ Das Straßburger Münster hat einen 142 Meter hohen Turm. ■ Der Bergsteiger hat den 8881 Meter hohen Gipfel besiegt. ■ Die im Museum ausgestellten Gemälde stammen alle aus dem 19. Jahrhundert. ■ Die dem Publikum zugänglichen Räume enthalten nicht alle Kunstwerke des Museums. ■ Seine in der ganzen Welt bekannten Chansons bringen dem jungen Sänger viel Geld ein. ■ Die in der Krypta der Kirche aufbewahrten Kunstschätze können nur an bestimmten Tagen besichtigt werden. ■ Die unter Naturschutz stehenden Blumen darf man nicht pflücken. ■ In einem Naturschutzgebiet ist es verboten, die im Wald wildlebenden Tiere zu töten. ■ Ein plötzlich über den Weg laufendes Reh hat die Wanderer überrascht. ■ In der Ecke des Wohnzimmers stand ein mit goldenen Sternen und bunten Kugeln geschmückter Weihnachtsbaum. ■ Wegen der weiterhin steigenden Autozahl nimmt die Umweltverschmutzung ständig zu. ■ Eine schon seit vielen Jahren mit behördlicher Unterstützung laufende Aktion hat endlich zu Erfolgen geführt. ■ Wenden Sie sich doch an den für dieses Anliegen zuständigen Beamten!

PRONOMS INDÉFINIS

81 Répondez par la forme négative *(jemand/niemand)*, selon le modèle :

Ist jemand gekommen? Nein, es ist niemand gekommen. Nein, niemand ist gekommen. ■

Der Chef fragt seine Sekretärin : Hat jemand während meiner Abwesenheit angerufen? ■ Hat jemand geschrieben? ■ Hat jemand nach mir gefragt? ■ Ich habe etwas gehört, hat jemand geklopft? ■

Der Vater fragt das Kind : Hast du jemanden gesehen? ■ Hast du jemanden getroffen? ■ Hast du jemanden gefragt? ■ Bist du jemandem begegnet? ■ Hast du mit jemandem gesprochen? ■ Hast du jemandem die Arbeit gezeigt?

82 Répondez par la forme négative *(etwas/nichts)* :

Der Polizist fragt den Nachbarn : Haben Sie etwas gehört? ■ Haben Sie etwas gesehen? ■ Haben Sie etwas getan? ■ Haben Sie etwas von dieser Sache verstanden?

*83 Complétez avec *keiner* ou *niemand* (au choix) :

Hat jemand für mich angerufen? ■ Nein, es hat... nach Ihnen gefragt. ■ Ich bitte Sie, die Sache für sich zu behalten. Erzählen Sie... davon! ■ Haben Sie die Kollegen schon gefragt, was sie dazu meinen? Nein, ich habe noch mit... darüber gesprochen. ■ Haben Sie heute schon mit Herrn Müller gesprochen? Nein, ich habe heute überhaupt noch... gesehen.

PRONOMS INDÉFINIS

*84 Complétez avec *einer* ou *keiner* au cas voulu :

Er ist ganz allein, er hat..., mit dem er sprechen könnte. ■ Wenn er doch... hätte, dem er von seinen Sorgen erzählen könnte! ■ Ich kaufe eigentlich nichts, wenn... bei mir an der Tür klingelt. ■ Man weiß nie, was für... es ist. ■ Ich habe mindestens zehn Menschen nach dieser Straße gefragt, ... wußte, wo sie sein könnte. Schließlich gab es..., der es wußte. Kein Wunder, es war..., der in dieser Straße wohnt. ■ Das ganze Dorf war wie ausgestorben, ich bin überhaupt... begegnet. ■ Vielleicht waren die Leute hinter den Fenstern und sagten sich : schau mal, da geht... durch das Dorf! Was der wohl will? Ich glaube, den kennt... hier. Ob er... kennt?

> L'adjectif substantivé après les indéfinis *etwas, nichts, viel :* se met au neutre et s'écrit, bien entendu, avec une majuscule (sauf : *etwas anderes*).

L'ADJECTIF SUBSTANTIVÉ

85 Complétez le texte suivant en choisissant dans la liste ci-dessous l'adjectif qui convient :

billig - gescheit - gut - interessant - neu - schlecht - seltsam - vernünftig.

In diesem Luxusgeschäft findet man selten etwas... ■ Auf der Reise habe ich viel... gesehen. ■ Er macht immer Dummheiten, es fällt ihm nichts... ein. ■ Kannst du mir etwas... empfehlen? ■ In dieser Zeitung steht heute aber auch nichts... ! ■ Ist euch auf diesem Bild etwas... aufgefallen? ■ In ihrem Leben hat sie viel..., aber auch viel... erlebt.

*86 Traduisez les phrases suivantes en vous servant des indéfinis *etwas, viel, wenig.* Ne pas employer les mots *Ding* ou *Sache !*

Avez-vous trouvé quelque chose d'intéressant? ■ J'ai vu beaucoup de belles choses à cette exposition. ■ J'ai beaucoup de choses à te raconter. ■ De quoi avez-vous parlé? De beaucoup de choses, mais surtout de mon dernier voyage. ■ Te faut-il beaucoup de choses pour partir en voyage? ■ Non, je n'ai besoin que de peu de chose. ■ Elle a vécu beaucoup de choses horribles pendant la guerre.

II. SAVOIR UTILISER LES TEMPS ET LES MODES

1. L'INDICATIF

A. LES AUXILIAIRES DE TEMPS (voir tableau, p. 100).

L'AUXILIAIRE *HABEN*

87 **Complétez avec les formes voulues (présent)**
Ich... einen Vorschlag für morgen. Wer... Zeit? ... du Zeit, Ingrid? Nein, ich... schon etwas vor. Und ihr beide, ... ihr denn keine Zeit? Wir... so viel zu tun. Ach, immer... sie etwas zu tun. Und Sie, Fräulein Diehl, ... Sie auch keine Zeit? Ich... leider schon eine Verabredung. Na, ... denn gar keiner Zeit für mich?

L'AUXILIAIRE *SEIN*

88 **Complétez avec les formes voulues (présent)**
So, da... ich. Ach so, ihr... schon da? Dann... wir ja alle da, oder? Bloß Peter... nicht da. Peter, wo... du denn? Ach, dort... er, im Garten. Und wo... seine Freunde? Die... weg, die kommen sowieso nicht.

B. LES VERBES FAIBLES (voir tableau, p. 102).

PRÉSENT

89 **Mettez le verbe indiqué entre parenthèses à la forme qui convient** (voir liste, p. 102) **:**
(wohnen) Wir... schon fünf Jahre in dieser Stadt. ■ **(aufmachen)** Unser Nachbar, Herr Krüger... sein Geschäft um neun Uhr... ■ **(spielen)** Ein kleiner Junge... mit seinem Hund. ■ **(erzählen)** Heute abend... ich euch von meiner neuen Sekretärin. ■ **(sagen)** So, Kinder, jetzt... ihr mir, warum ihr so spät heimkommt! ■ **(aufhören, arbeiten)** Peter, nun... du aber mit dem Spiel..., jetzt... du einmal! ■ **(warten)** Das arme Kind... schon seit zwanzig Minuten auf den Bus. ■ **(abholen)** Heute abend... mich mein Vater... ■

PRÉSENT

90 **Complétez le tableau suivant selon le modèle** (N.C.) :

INFINITIF	2ᵉ PERSONNE SINGULIER	2ᵉ PERSONNE PLURIEL	3ᵉ PERSONNE SINGULIER
spielen	du spielst	ihr spielt	er spielt
warten			
			er erzählt
		ihr arbeitet	
	du hörst zu		
			er antwortet
		ihr lacht	
	du wachst auf		
aufmachen			
		ihr paßt auf	
zeichnen			
		ihr macht mit	
			er zeigt

C. LES VERBES FORTS (voir tableau et liste, p. 104 sqq).

PRÉSENT

91 **Mettez le verbe indiqué entre parenthèses à la forme qui convient :**

(fahren) ... du mit dem Bus oder mit dem Taxi zum Bahnhof? ■ (lesen, gehen) Petra... den Roman zu Ende und... dann ins Bett. ■ (tragen) Uwe... den Koffer ins Auto. ■ (nehmen) ... du den Zug oder das Flugzeug? ■ (kommen, waschen) So, jetzt... ihr ins Bad und ihr... euch die Hände! ■ (bleiben) Herr Klotz, ... Sie eigentlich bis Sonntag oder bis Montag? ■ (aussehen) Ursula... schlecht..., sie muß krank sein. ■ (laufen, sehen) Er... so schnell, daß er uns nicht... .

PRÉSENT

92 Complétez le tableau suivant selon le modèle (N.C.) :

INFINITIF	2e PERSONNE SINGULIER	1re PERSONNE PLURIEL	3e PERSONNE SINGULIER	2e PERSONNE PLURIEL
fallen	du fällst	wir fallen	er fällt	ihr fallt
fahren				
				ihr nehmt
	du trägst			
aufgeben				
		wir lesen		
fernsehen				
			er kommt mit	
	du hilfst			
			er läßt	
				ihr lauft
	du ißt			
		wir tun		

AU PRÉSENT EN « A »

93 Complétez les phrases ci-dessous en choisissant dans la liste suivante le verbe qui convient :

anfangen - mitfahren - fallen - halten - einladen - lassen - laufen - erraten - tragen - wachsen.

Morgen fahren wir ins Gebirge, ... du... ? ■ So viel Gepäck wollt ihr mitnehmen ! Wer... das alles ? ■ Paß auf, sonst... du hin ! ■ Wir fahren mit dem Bus, er... gerade vor unserem Haus. ■ Wann... er endlich... ? ■ ... du das alles über Winter draußen ? ■ Das... du nie, was er mir gesagt hat ! ■ Bei ihm geht es lustig zu, er... immer so viel Leute... ■ Gegen ihn kannst du unmöglich gewinnen, er... viel zu schnell. ■ Du mußt die Rosenhecke schneiden, sonst... sie dir übers Haus. ■

AU PRÉTÉRIT

94 Complétez le texte ci-dessous en choisissant le verbe qui convient et en le mettant au prétérit :

antworten - bremsen - haben - kommen - laufen - passieren - regnen - schreien - sein - stehen - sich streiten - warten - weinen - wollen. (Attention ! Verbes forts et faibles mélangés !)

Wir... auf den Bus. Es... in Strömen. Wir... keinen Regenschirm dabei. Bald... wir naß bis auf die Haut. Die Kinder... und... sich. Plötzlich... Peter über die Straße. Da... ein Wagen.

Der Autofahrer... so scharf, daß dem Jungen nichts... „Junge, bist du verrückt?" ... der Polizist, der an der Kreuzung.... „Nein", ... Peter, „ich... nur ein Comic am Zeitungskiosk da drüben kaufen!"

AU PRÉTÉRIT

***95** **Transposez le texte suivant au prétérit :**

Gonzalez ■ Sie wohnen im gleichen Hotel : der Spanier Carlos Gonzalez und Herr Schmidt, sein deutscher Zimmernachbar. Bei den Mahlzeiten sitzen sie am selben Tisch, dem einzigen, an dem noch zwei Plätze frei sind. Keiner spricht die Sprache des anderen, so daß sie sich nicht unterhalten können.
Sie bestellen Wein zum Essen. Der Kellner bringt ihn, schenkt ein ; da erhebt der Deutsche sein Glas und sagt zu dem Spanier : „Prosit!" „Gonzalez!" antwortet dieser.
Am nächsten und auch am übernächsten Tag wiederholt sich die Szene. Dem Spanier kommt das komisch vor. Er bittet deshalb den Ober, ihm das merkwürdige Verhalten des Deutschen zu erklären. Der Ober, der Spanisch kann, sagt ihm, was mit „Prosit" gemeint ist, und nun versteht der Spanier das Verhalten des Deutschen. Beim nächsten Essen ergreift er als erster sein Glas, richtet seinen Blick auf seinen deutschen Tischnachbarn und ruft : „Prosit!" „Gonzalez!" antwortet der überraschte Deutsche und trinkt dem Spanier lächelnd zu, der genau so überrascht ist wie er.

LES VERBES FORTS AU PARFAIT (voir liste, p. 106)

(Passé composé)

Il se forme à l'aide de l'auxiliaire *sein* ou *haben* et du participe II (participe passé) du verbe.

Participe II (part. passé)

Verbes faibles : *ge* + 3^{e} personne du présent de l'indicatif. Ex. : *gelernt, gearbeitet*

Verbes forts : (voir liste, p. 106). Attention à la terminaison : *en !* Ex. : *getrunken, gekommen*

Les particules séparables se mettent *devant* le participe II du verbe de base. Ex. : *aufgemacht, angefangen*

Les particules inséparables (préfixes) sont : *be - emp - ent - er - ge - miß - ver - zer*
Les verbes qui comportent l'une de ces particules ne prennent pas *ge* au participe II. Ex. : *verstanden, zerbrochen, begrüßt*
Il en est de même pour la plupart des verbes terminés en *-ieren :* Ex. : *telefoniert, rasiert*
Certaines particules peuvent être séparables ou inséparables : elles sont séparables quand elles sont accentuées. Ex. : *Die Schüler haben den Text* ***übersetzt*** (traduire). *Die Milch ist* ***übergelaufen*** (déborder).

Auxiliaires du parfait (passé composé)
On emploie l'auxiliaire ***haben*** pour les verbes transitifs, les verbes pronominaux, les verbes impersonnels et les verbes intransitifs d'état (sauf *bleiben* et *sein*).

On emploie l'auxiliaire ***sein*** pour les verbes intransitifs indiquant un mouvement, un changement de lieu ou d'état et pour les verbes ***sein, werden, bleiben.***

AU PRÉTÉRIT ET AU PARFAIT

96 Complétez le tableau suivant selon le modèle (N.C.) :

2e PERSONNE SINGULIER PRÉSENT	3e PERSONNE SINGULIER PRÉTÉRIT	1re PERSONNE PLURIEL PARFAIT (P. COMP.)
du sprichst	er sprach	wir haben gesprochen
	er sah	
		wir haben gelassen
du liest		
	er hielt	
		wir haben geschlafen
du wächst		
	er erschrak	
		wir haben befohlen
du trinkst		
	er litt	
du schreist		
	er ging	
		wir haben gerufen
du fliegst		

AU PARFAIT

97 Mettez les phrases suivantes au parfait (les verbes forts sont donnés en italique) :

Am Sonntag machen wir einen Ausflug. ■ Wir *nehmen* natürlich den Wagen. ■ Wir *fahren* zuerst nach Ilsberg. ■ Da kaufen wir Brot und Wurst. ■ Wir *steigen* wieder *ein* und *fahren* nach Rottendorf. ■ Dort parken wir vor der Kirche. ■ Wir *ziehen* unsere Wanderschuhe und unseren Anorak *an.* ■ Wir *laufen* drei Stunden lang durch den Wald. ■ Gegen Mittag suchen wir einen schönen Platz zum Picknicken. ■ Mutter holt den selbstgebackenen Kuchen aus dem Rucksack. ■ Vater macht eine Flasche Wein auf. ■ Ich *trinke* aber keinen Wein. ■ Ich mache ein Foto von der ganzen Familie. ■ Gegen 5 Uhr nachmittags *gehen* wir zum Auto *zurück*.

AU PARFAIT

98 Mettez les phrases suivantes au parfait :

Ein langer Arbeitstag. ■ Um 6 Uhr wachte Herr Krüger auf. ■ Er stand sofort auf. ■ Er zog seine Hausschuhe an. ■ Seine Frau und die Kinder schliefen weiter. ■ Er ging ins Badezimmer und putzte sich die Zähne. ■ In der Küche bereitete er das Frühstück zu. ■ Er aß schnell ein Brötchen und trank eine Tasse Kaffee. ■ Um Viertel vor sieben ging er aus dem Haus. ■ Er setzte sich ans Steuer und fuhr fort. ■ Die Fahrt bis ins Stadtzentrum dauerte eine Viertelstunde. ■ Vier Stunden lang saß er an seinem Schreibtisch. ■ Dann holte er sich ein paar Butterbrote in der Kantine. ■ Am Nachmittag hatte er auch noch viel zu tun. ■ Er blieb bis vier Uhr in seinem Büro. ■ Gegen fünf Uhr kam er nach Hause zurück. ■

99 Mettez le texte suivant au parfait :

Wintersport im Schwarzwald.

a. Am Sonntag steht Familie Becker um halb sieben auf. ■ Die Kinder springen schnell aus dem Bett. ■ Herr Becker macht das Radio an. ■ Das Radio meldet schönes Wetter. ■ Frau Becker kocht Eier für das Frühstück. ■ Herr Becker befestigt die Skier auf dem Autodach. ■ Dann kommt er in die Küche zurück. ■ Die Kinder waschen sich im Badezimmer. ■ Dann ziehen sie einen dicken Pullover an. ■ Sie setzen sich an den Tisch. ■ Sie essen zwei Scheiben Brot mit Butter und Marmelade. ■ Sie trinken eine Tasse Kakao. ■ Sie putzen sich noch schnell die Zähne und dann steigen sie alle ins Auto. ■

b. Um Viertel vor acht fahren sie los. ■ Die Fahrt dauert nur eine knappe Stunde. ■ Um die Zeit sind die Parkplätze an der Schwarzwaldhochstraße noch fast leer. ■ Sie finden also leicht einen freien Parkplatz. ■ Jeder nimmt seine Skier und geht an die Kasse. ■ Der Vater bezahlt die vier Skipässe. ■ Am Skilift geht es schnell, denn es ist noch fast niemand da. ■ Den ganzen Vormittag laufen sie Ski. ■ Gegen Mittag machen sie eine Pause. ■ Sie gehen in ein gemütliches Gasthaus. ■ Da bestellen sie eine Erbsensuppe mit Wurst und dazu trinken sie ein Glas Bier, eine Cola und zwei Sprudel. ■ Anschließend nehmen sie auf der sonnigen Terrasse Platz. ■ Da liegen sie eine gute Stunde in Liegestühlen. ■ Um vier Uhr fahren sie wieder weg und um halb sechs sind sie in Stuttgart.

EXERCICE DE SYNTHÈSE

*100 Reconstituez les phrases en mettant les verbes au présent selon le modèle. Mettez les phrases ainsi obtenues au prétérit, puis au parfait (voir liste, p. 106).

Herr/ein/trinken/Bier/Thurau/Glas. Herr Thurau trinkt ein Glas Bier.

Wald/lange/wir/eine/machen/Wanderung/durch/den ■ zu/schneiden/Auto/Kurve/schnell/viel/das/die/fahren/und ■ den/er/Büro/kommen/Bus/ins/spät/und/verpassen/zu ■ Freund/sofort/meinen/ich/zu Hause/anrufen ■ anziehen/und/Frau Schranz/dicken/die/gehen/Mantel/in/ihren/Stadt ■ den/aus/Herr Wagner/Garage/Haus/der/holen/das/stellen/vor/Wagen/und/ihn ■ anrufen/mit/ins/Kinder/Freunde/und/die/Kino/ihnen/ihre/gehen ■

EXERCICE DE SYNTHÈSE

*101

Traduisez en utilisant le passé composé (Pour le vocabulaire, voir ex. 99 ; voir aussi liste, p. 106) **:**

Je me suis levé à sept heures et demie. ■ J'ai mis la radio (en marche). ■ La radio a annoncé du mauvais temps. ■ Ma sœur a déjà préparé le petit déjeuner. ■ J'ai enlevé mon pyjama et je suis allé à la salle de bains. ■ Je me suis lavé les mains et je me suis brossé les dents. ■ Nous nous sommes assis à la table de la cuisine. ■ Mon petit frère a déjà bu sa tasse de chocolat. ■ J'ai mangé trois tranches de pain avec du beurre et de la confiture. ■ Dix minutes plus tard, nous sommes montés dans la voiture et nous sommes partis. ■

D. LES VERBES DE MOUVEMENT ET DE POSITION (voir liste, p. 106)

Ne confondez pas !

Verbes de mouvement	Verbes de position
setzen, legen, stellen, hängen } TRANSITIFS, FAIBLES	sitzen, liegen, stehen, hängen } INTRANSITIFS, FORTS
Setz dich auf diesen Stuhl ! ACCUSATIF	Er sitzt auf seinem Stuhl DATIF

102

Complétez le tableau suivant avec les formes correspondantes (N.C.) **:**

INFINITIF	2e PERS. SINGULIER PRÉSENT	3e SING. PRÉTÉRIT	3e SING. PRÉSENT	PARTICIPE II (PASSÉ)
sitzen				
		er hing		
stehen				
	du legst			
			er stellt	
				gehängt
		er lag		
				gesetzt

103 Complétez avec un verbe de mouvement ou de position au temps qui convient :

... die Papiere auf meinen Schreibtisch! ■ Wohin soll ich die Vase... ? ■ Im Wohnzimmer... jetzt ein kleiner runder Tisch. ■ ... Sie sich bitte, Frau Radomski! ■ Wo ist denn meine Uhr? Vorher... sie doch noch auf dem Tisch! ■ Am Sonntag braucht er nicht so früh aufzu..., er kann lange... bleiben. ■ ... Sie Ihren Mantel in die Garderobe! ■ Den ganzen Tag... er vor dem Fernseher und wollte sonst nichts tun. ■ Jahrelang... das Plakat in meinem Büro, jetzt ist es plötzlich verschwunden.

104 Complétez avec un verbe de mouvement ou de position au prétérit :

Als ich kam, ... sie schon alle am Tisch und aßen. ■ Ich zog schnell meinen Mantel aus und... ihn in die Garderobe. ■ Dann... ich mich an den Tisch. ■ Vor meinem Teller... zwei Gläser. ■ Die Flasche Wein... etwas weiter. ■ Ein freundlicher Nachbar... sie näher zu mir. ■ Kaum... ich, so bekam ich auch schon die Vorspeise gereicht. ■ Auf einer großen Silberplatte... allerlei Wurst- und Schinkensorten. ■ Ich nahm mir eine Scheibe Schinken und... die Platte auf den Tisch zurück.

E. LES VERBES FAIBLES IRRÉGULIERS (voir tableau, p. 103)

105 Complétez à l'aide de l'un des verbes choisis dans la liste suivante au parfait (passé composé) :

brennen - mitbringen - denken - erkennen - kennen - nennen - rennen.

Er...seiner Freundin eine Schachtel Pralinen... ■ ...du an den Geburtstag deines Vaters... ? Nein, den habe ich ganz vergessen. ■ Wer war denn das? In der Dunkelheit... ich ihn nicht... ■ Er hat wohl die ganze Nacht gelesen, in seinem Zimmer... um vier Uhr früh noch das Licht... ■ Als ich ihn fragte, welche Bücher er mir empfehlen könnte, ... er mir mindestens fünf Titel... ■ ... du den früheren Bürgermeister...? ■ Das ist aber ein frecher Junge! Er... seine Tante eine alte Ziege... ■ Als sie das Telefon läuten hörte, ... sie gleich ins Haus...

LES VERBES FAIBLES IRRÉGULIERS

*106 Complétez le texte suivant à l'aide de l'un des verbes choisis dans la liste suivante (certains verbes seront utilisés plusieurs fois) :

brennen - bringen - denken - kennen - nennen - rennen.

Kaspar. ■ Als der fremde Junge in das Dorf kam, ... ihn niemand. Alle Dorfbewohner... auf den Marktplatz, um ihn zu sehen. Sie fragten sich, woher er kam und..., er wäre kein richtiger Mensch. Sie... ihn ein Tier und wollten ihn gleich wieder fortjagen. Nur der Pfarrer... ihm einen Krug Milch. Der Sohn des Dorflehrers... schnell nach Hause, um seinen Vater zu holen. Als dieser den armen Jungen sah, ging er zu ihm, sprach mit ihm und das Kind... seinen Namen. Der Lehrer nahm den Jungen an die Hand, ... ihn in sein Haus und pflegte ihn wie seinen eigenen Sohn. Doch die Dorfbewohner... immer noch, er wäre ein böser Mensch und als eines Tages ein Bauernhof..., ... alle, der Junge wäre der Brandstifter.

KENNEN OU WISSEN ?

*107 Complétez avec *kennen* ou *wissen* à la forme voulue :

N'oubliez pas : Ich **kenne** diesen Menschen nicht. Ich **weiß** nicht, wo er wohnt.

... Sie Herrn Schmitt? Nein, ich... ihn nicht. ■ Stuttgart liegt in Baden-Württemberg. Ja, das... ich. ■ ... du, in welchem Bundesland Kiel liegt? ■ ... Sie, wo Herr Schneider arbeitet? Nein, ich... es nicht, obwohl ich ihn gut... ■ ... Sie Stockholm? Nein, ich... die Stadt nicht, ich... nur, daß es die Hauptstadt Schwedens ist. ■ Ich... die Leute nicht, die dort über die Straße gehen. Ich... nur, daß sie seit zwei Wochen in unserem Haus wohnen. ■ Woher... du, daß wir schon morgen früh wegfahren? Ich... es von deinem Bruder. ■ Sag mir, woher ich diese Frau nur...! Das... ich doch nicht! ■ ... Sie schon das Neueste? Nein, ich habe noch keine Zeitung gelesen. ■ Woher... er das alles? ■ Warum grüßt dich Peter nicht mehr? Ich... es nicht. Seit einiger Zeit will er nichts mehr von mir... ■

EXERCICE DE SYNTHÈSE

*108 Choisissez la bonne solution :

Der Schnee □ schmolz □ schmelzte in der Sonne. ■ Der Holzhauer □ fällte □ fiel drei Tannen. ■ Das Rotkäppchen □ erschreckte □ erschrak, als es den Wolf sah. ■ Das Schiff □ sank □ senkte in die Flut. ■ Die Widerstandskämpfer □ sprengten □ sprangen die Eisenbahnbrücke. ■ Das Auto □ fuhr □ führte mit großer Geschwindigkeit. ■ Er □ ertränkte □ ertrank drei kleine Kätzchen. ■ Der Maler □ hing □ hängte das fertige Bild in sein Atelier. ■ □ Erschreck □ Erschrick mich nicht mit deinen grausigen Geschichten! ■ Das deutsche U-Boot □ versank □ versenkte den amerikanischen Flugzeugträger. ■ Er konnte nicht schwimmen, er □ ertränkte □ ertrank im See. ■ Der Direktor □ fuhr □ führte die Besucher durch die Fabrik. ■ Der Hund □ sprang □ sprengte ins Wasser, um den Stock herauszuholen. ■ Das

Wahlplakat ☐ hing ☐ hängte zu hoch, man konnte es nicht abreißen. ■ Die Metallarbeiter ☐ schmolzen ☐ schmelzten in einer Woche 25 Tonnen Gußeisen im Hochofen. ■ Vor Schrecken ☐ fiel ☐ fällte die alte Frau in Ohnmacht. ■

EXERCICE DE SYNTHÈSE

*109 **D'après le compte rendu d'un accident paru dans le journal local, imaginez le dialogue entre un policier et un témoin de l'accident** (N.C.) :

Gestern abend gegen 17 Uhr geschah ein schlimmer Unfall auf der Bundesstraße Freiburg-Freudenstadt. ■ Um einem Reh auszuweichen, das die Straße überquerte, mußte ein Autofahrer plötzlich bremsen. Der Wagen geriet ins Schleudern, stieß gegen einen Apfelbaum und landete mitten auf einer Wiese.

Trotz des harten Aufpralls sind die beiden Insassen des Autos mit leichten Verletzungen davongekommen. Doch der Wagen ist total beschädigt. Ein Wanderer, der gerade von einer Bergtour zurückkam, war Zeuge des Unfalls.

Der Polizist : — Können Sie uns sagen, wie dieser Unfall passiert ist ? Der Wanderer : — ... ■ Der Polizist : — Wo waren Sie, als es geschah ? Der Wanderer : — ... ■ Der Polizist : — Woher kamen Sie ? Der Wanderer : — ... ■ Der Polizist : — Was konnten Sie eigentlich sehen ? Der Wanderer : — ... ■ Der Polizist : — Was für andere Fahrzeuge waren noch auf der Straße ? Der Wanderer : — ... ■ Der Polizist : — Wie schnell fuhr der Wagen ? Der Wanderer : — ... ■ Der Polizist : — Und wieso kam es dann zu dem Unfall ? Der Wanderer : — ... ■ Der Polizist : — Konnte der Fahrer denn nicht mehr bremsen ? Der Wanderer : — ... ■ Der Polizist : — Und das Reh ? Der Wanderer : — ... ■ Der Polizist : — Was geschah dann mit dem Wagen ? Der Wanderer : — ... ■ Der Polizist : — Gegen welchen Baum ? Der Wanderer : — ... ■ Der Polizist : Und dann ? Der Wanderer : — ... ■ Der Polizist : — Was haben Sie dann getan ? Der Wanderer : — ... ■ Der Polizist : — Wieviel Menschen saßen im Auto ? Der Wanderer : — ... ■ Der Polizist : — Die waren wohl schwer verletzt ? Der Wanderer : — ... ■ Der Polizist : — Die hatten aber Glück ! Und der Wagen ? Der Wanderer : — ... ■ Der Polizist : — Haben Sie die Polizei benachrichtigt ? Der Wanderer : — ... ■ Der Polizist : — Und der Fahrer dieses Wagens hat uns angerufen ? ■ Der Wanderer : — Ja, und zehn Minuten später waren Sie da.

2. L'IMPÉRATIF

Les verbes forts en *e*
Les verbes forts en *e* qui prennent *i* ou *ie* à la 2e et 3e personne du singulier au présent de l'indicatif ont le même changement de voyelle à la 2e personne du singulier de l'impératif.
Ex. : *geben : du gibst, er gibt.* Impératif : *gib ! lesen : du liest, er liest.* Impératif : *lies !*
Pour les autres verbes, voir tableaux, p. 101, 103, 105.

L'IMPÉRATIF

110 **Mettez les phrases suivantes à la 2e personne du pluriel :** Hör doch endlich auf ! ■ Mach das Buch auf ! ■ Lies den Text zu Ende ! ■ Nimm doch das Fahrrad ! ■ Sieh mir zu, wie ich das mache ! ■ Paß gut auf ! ■ Geh nicht so langsam ! ■ Gib nicht so schnell auf ! ■ Zeig mir den Weg, bitte ! ■ Komm doch mit !

111 **Mettez les phrases suivantes à la forme de politesse :** Nimm Platz ! ■ Setz dich einen Augenblick ! ■ Erzähl mir von deiner Reise ! ■ Gib mir einen Rat ! ■ Sei ganz ehrlich ! ■ Hilf mir bitte ! ■ Hör mir mal zu ! ■ Geh doch nicht so schnell fort !

LES VERBES FORTS EN « E »

112 **Complétez les phrases ci-dessous à l'impératif en choisissant dans la liste suivante le verbe qui convient :** erschrecken - essen - geben - helfen - nehmen - sehen -sprechen - treten - vergessen - werfen.

. . . mir bitte das Rad wechseln ! ■ . . . den Regenschirm mit, es gibt heute noch Regen ! ■ . . . doch lauter, ich kann dich nicht hören ! ■ . . . her, ich mach das schon ! ■ . . . nicht so viel Schlagsahne, sonst wirst du zu dick ! ■ . . . den Zettel weg, den brauchen wir nicht mehr ! ■ . . . nicht, die Tür zu schließen, wenn du weggehst ! ■ . . . mich doch nicht so dumm an ! ■ . .: doch nicht jedesmal, wenn du das Telefon hörst ! ■ . . . mir nicht immer auf die Füße, wenn ich mit dir tanze !

***113** **Reprenez le même exercice à la forme de politesse.**

SOLLEN

114 Transformez les impératifs suivants selon les modèles ci-dessous :

Ex. : Paß auf ! Du **sollst** aufpassen !
Paßt auf ! Ihr sollt aufpassen !

Komm schnell mit ! ■ Hört mal gut zu ! ■ Mach die Tür zu ! ■ Seid vorsichtig ! ■ Stell das Radio leiser ! ■ Schrei nicht so laut ! ■ Räumt nachher wieder alles auf ! ■ Gib der Katze auch etwas zu fressen ! ■ Macht nicht so viel Lärm !

PASSIF IMPERSONNEL

115 Transformez les phrases selon le modèle ci-dessous :

Ex. : Ihr sollt jetzt aufräumen ! Jetzt **wird aufgeräumt** !

Ihr sollt jetzt aufpassen ! ■ Ihr sollt jetzt mal zuhören ! ■ Ihr sollt heute abend nicht fernsehen ! ■ Ihr sollt um elf Uhr die Musik abstellen ! ■ Ihr sollt dann das Zimmer in Ordnung bringen ! ■ Ihr sollt jetzt endlich anfangen ! ■ Ihr sollt heute abend mal früh zu Bett gehen !

*116 Il y a différentes façons de demander à quelqu'un de venir... Quelles phrases ci-dessous correspondent aux indications suivantes (N.C.) ?

1. Vous demandez simplement de venir. 2. Vous demandez gentiment. 3. Vous insistez. 4. Vous perdez patience.

a. Komm sofort, sonst... b. Komm bitte ! c. Komm, habe ich gesagt ! d. Komm ! e. Komm jetzt endlich ! f. Komm her ! g. Möchtest du bitte kommen ? h. Komm doch !

EXERCICE DE SYNTHÈSE

*117 D'un côté des situations, de l'autre des paroles prononcées. Quels impératifs suivants correspondent aux situations ci-dessous ?

1. Sie brauchen Hilfe. 2. Der Polizist ruft einem Gangster zu. 3. Der Politiker möchte nicht unterbrochen werden. 4. Sie wollen jemanden vor einer Gefahr warnen. 5. Sie fordern einen Freund zum Mitspielen auf. 6. Der Lehrer will anfangen. 7. Sie wollen jemanden freundlich empfangen. 8. Sie denken an die Nachbarn. 9. Sie wollen jemanden hinauswerfen. 10. Sie wollen jemanden zum Mitfahren auffordern.

a. Vorsicht ! b. Lassen Sie mich doch reden ! c. Hilf mir bitte ! d. Ruhe bitte ! e. Nehmen Sie bitte Platz ! f. Raus ! g. Stehen bleiben ! h. Fahren Sie doch mit ! i. Mach doch mit ! j. Stell den Fernseher ein bißchen leiser !

3. LE SUBJONCTIF

A. LE DISCOURS INDIRECT

Il sert à rapporter les paroles prononcées par quelqu'un ou une information entendue. Le mode du discours indirect est le **subjonctif** (voir tableau, p. 112).

Règle générale :

DISCOURS DIRECT	DISCOURS INDIRECT
Indicatif	**Subjonctif I**
Sie sagt : *„ich **komme** später".*	*Sie sagt, sie **komme** später.*
*„ich **kam** um 7 Uhr".* *„ich **bin** um 7 Uhr **gekommen**".* *„ich **war** um 7 Uhr **gekommen**".*	*Sie sagt, sie **sei** um 7 Uhr **gekommen**.*
*„ich **werde** vielleicht einmal **kommen**".*	*Sie sagt, sie **werde** vielleicht einmal **kommen**.*

Au **présent** du style direct correspond le **présent du Subjonctif I** du style indirect.

Aux **trois temps du passé** du style direct correspond **le passé du Subjonctif I** du style indirect.

Au **futur** du style direct correspond le **futur du subjonctif I** du style indirect.

Lorsqu'il y a similitude de formes entre le subjonctif I et l'indicatif, on a recours au subjonctif II.

Sie sagt : *„wir **haben** jetzt keine Zeit".*	*Sie sagt, sie (haben) **hätten** jetzt keine Zeit.*
*„wir **hatten** gestern keine Zeit".* *„wir **haben** gestern keine Zeit **gehabt**".* *„wir **hatten** gestern keine Zeit **gehabt**".*	*Sie sagt, sie (haben) **hätten** gestern keine Zeit **gehabt**.*
*„wir **werden** wohl keine Zeit mehr **haben**".*	*Sie sagt, sie (werden) **würden** wohl keine Zeit mehr **haben**.*

PRÉSENT DU SUBJONCTIF I

118 Transposez les phrases suivantes au discours indirect :

Ingrid hat angerufen. Sie hat gesagt : „Ich will heute abend zu euch kommen. ■ Ich soll aber zuerst noch meine Schuhe beim Schuster abholen. ■ Dann will ich noch eine alte Bekannte besuchen. ■ Ich muß ihr ein Buch zurückbringen. ■ Ich werde euch von meinem guten Schokoladenkuchen mitbringen. ■ Ich will euch auch meine Fotos aus den Ferien zeigen. ■ Ich kann aber nicht zu lange bleiben. ■ Spätestens um 22 Uhr muß ich weg. ■ Ich will nämlich den letzten Bus nicht verpassen."

119 Transposez les phrases suivantes au discours indirect :

Klaus sagt : „Ich kann das nicht machen. ■ Es ist zu schwer. ■ Mein Bruder kann es besser. ■ Ich habe keine Zeit. ■ Es interessiert mich nicht. ■ Ich habe zu viel zu tun. ■ Ich muß noch zum Friseur gehen. ■ Ich will heute abend früh zu Bett gehen. ■ Ich bin immer so müde. ■ Ich mache die Arbeit dann später."

PRÉSENT DU SUBJONCTIF I OU II

*120 Transposez les phrases suivantes au discours indirect :

Klaus und Sigrid sagen : „Wir haben keine Zeit. ■ Wir können nicht ausgehen. ■ Wir sind zu müde. ■ Wir arbeiten so viel. ■ Unsere Freunde kommen immer zu spät. ■ Sie werden nie fertig. ■ Sie haben wenig Zeit. ■ Heute abend dürfen sie nicht wegfahren. ■ Sie müssen bis morgen bleiben."

*121 Transposez les phrases suivantes au discours indirect :

Müllers haben geschrieben : „Wir können nicht kommen. ■ Wir sind nämlich alle krank. ■ Wir haben Grippe. ■ Peter und Ingrid fühlen sich nicht wohl. ■ Wir wollen lieber zu Hause bleiben. ■ Wir kommen dann ein anderes Mal. ■ Wir wollen euch aber vorher anrufen. ■ Oder ihr könnt auch zu uns kommen. ■ Wir wollen euch noch Bescheid sagen."

PASSÉ DU SUBJONCTIF I

122 Transposez le récit suivant au discours indirect :

Jürgen erzählt : „Gestern war ich im Kino. ■ Ich habe einen phantastischen Film gesehen. ■ Die Vorstellung fing um 20 Uhr an. ■ Um 19 Uhr 30 stand ich schon Schlange an der Kasse. ■ Ich habe eine der letzten Karten bekommen. ■ Ich saß in der dritten Reihe. ■ Aber ich konnte doch ziemlich gut sehen. ■ Vor mir saß nämlich eine kleine Frau. ■ Um 21 Uhr 45 war der Film zu Ende. ■ Ich war ganz begeistert. ■ Ich blieb noch eine Weile sitzen. ■ Aber dann mußte ich aufstehen, um den Nächsten den Platz zu lassen."

PASSÉ DU SUBJONCTIF I OU II

*123 Transposez le récit suivant au discours indirect :

Kerstin und Dagmar erzählen : „Gestern waren wir im Theater. ■ Wir haben ein wunderbares Stück gesehen. ■ Zum Glück hatten wir die Karten schon. ■ An der Abendkasse bekamen viele Leute keine Karten mehr. ■ Alle Plätze waren natürlich besetzt. ■ Wir saßen im Parterre, in der zwanzigsten Reihe. ■ Leider konnten wir nicht alles sehen. ■ Vor uns saßen nämlich drei große junge Männer. ■ Während der Pause gingen wir ins Foyer. ■ Dort haben wir ein paar Freunde getroffen. ■ Wir haben uns über das Theaterstück unterhalten. ■ Die einen fanden es herrlich, die anderen langweilten sich schrecklich. ■ Nach der Vorstellung gingen wir zusammen in eine Weinstube. ■ Dort tranken wir ein Glas Wein und aßen Zwiebelkuchen dazu.

*124 Transposez le récit suivant au discours indirect :

Klaus erzählt vom Fußballspiel : „Gestern war ich im Olympiastadion. ■ Es war ein tolles Spiel : Bayern München gegen Borussia Dortmund. ■ Die 50 000 Zuschauer waren begeistert. ■ Sie feuerten ihre Mannschaft an, brüllten nach jedem Tor und pfiffen nach jedem Foul. ■ Man muß den Schiedsrichter bewundern, der immer ganz ruhig blieb und sich gar nicht von den Zuschauern beeinflussen ließ. ■ Die Bayern-Fans finde ich aber nicht sehr fair, sie haben nämlich die Spieler von Borussia ständig ausgepfiffen. ■ Man darf auch mal die Gäste unterstützen, nur so kann man die Leistung der Heimmannschaft noch steigern."

*125 Traduisez en français (Attention au discours indirect !)

Gemeinsamer Aufruf der evangelischen, griechisch-orthodoxen und katholischen Kirchenführer der Bundesrepublik Deutschland. ■ Zur „Woche des ausländischen Mitbürgers" stellten die Kirchenführer fest, Friede herrsche dort, wo Menschen verschiedener Herkunft in guter Nachbarschaft zusammenlebten. Die Ausländerbeauftragte der Bundesregierung, Liselotte Funcke (FDP), erklärte, es könne nicht Ziel der Integration sein, daß die ausländischen Mitbürger in kurzer Zeit zu „unauffälligen Deutschen" würden. Vielmehr müsse es die Aufgabe aller sein, bei der Bewahrung ihrer Kultur mitzuhelfen. Ebenso wichtig sei es, mit dem ausländischen Nachbarn zu sprechen, ihn aus seiner Sprachlosigkeit herauszubringen und ihm auch am Arbeitsplatz den Rücken zu stärken.

Süddeutsche Zeitung, 30.September 1985

B. LE CONDITIONNEL

La condition s'exprime généralement avec le subjonctif II (voir tableau, pp. 100-105). On distingue :

L'irréel du présent (condition non réalisée dans le présent) :

Proposition subordonnée **Subjonctif II présent**	Proposition principale **Subjonctif II présent**
Wenn ich reich ***wäre,*** ***Wäre*** *ich reich,*	***könnte*** *ich mir vieles kaufen.* *so* ***könnte*** *ich mir vieles kaufen.*
Wenn ich reich ***wäre,***	***würde*** *ich mir ein Auto kaufen.* (pour éviter la confusion avec *kaufte,* similitude de formes prét. indicatif et subj. II présent)

L'irréel du passé (condition non réalisée dans le passé) :

Proposition subordonnée **Subjonctif II passé**	Proposition principale **Subjonctif II passé**
Wenn er Zeit ***gehabt hätte,***	***wäre*** *er gestern ins Konzert* ***gegangen.***
Hätte *er Zeit* ***gehabt,***	so ***wäre*** *er gestern ins Konzert* ***gegangen.***

SUBJONCTIF II PRÉSENT

126 **Transformez les phrases suivantes selon le modèle :** Er hat kein Geld, er kann nicht verreisen. Wenn er Geld **hätte, könnte** er verreisen.

Er hat keine Arbeit, er kann nicht in die Ferien fahren. ■ Er hat keinen hohen Lohn, er kann nicht ins Ausland fahren. ■ Er hat keinen Wagen, er kann nicht viel Gepäck mitnehmen. ■ Er hat keine Zeit, er kann heute abend nicht ausgehen. ■ Er hat kein Geld bei sich, er kann nicht telefonieren. ■ Er hat keinen Ferienjob, er kann sich kein Taschengeld verdienen. ■ Er hat kein Kleingeld, er kann sich keine Zigaretten am Automaten holen. ■ Er hat keine Fahrkarte mehr, er kann den Bus nicht nehmen.

SUBJONCTIF II PRÉSENT

127 **Même exercice :**

Er ist nicht reich, er kann sich kein eigenes Haus kaufen. ■ Er ist nicht alt genug, er darf nicht wählen. ■ Er ist nicht schnell genug, er darf nicht am Rennen teilnehmen. ■ Er ist nicht tüchtig, er kann keine guten Geschäfte machen. ■ Er ist nicht ehrgeizig, er kann es zu nichts bringen. ■ Er ist nicht in großer Form, er kann den Marathonlauf nicht gewinnen. ■ Er ist zu alt, er kann sich nicht um diesen Posten bewerben. ■ Er ist nicht alt genug, er darf den Führerschein nicht machen.

SUBJONCTIF II PASSÉ

*128 **Mettez les phrases suivantes au subjonctif II passé :**

Wenn die alte Frau noch Verwandte hätte, wäre sie nicht so einsam. ■ Wenn eine Nachbarin sie nicht besuchen würde, wäre sie den ganzen Tag allein. ■ Wenn sie kein Telefon hätte, wäre sie ganz von der Außenwelt abgeschnitten. ■ Wenn sie nicht ab und zu in den kleinen Laden an der Ecke ginge, käme sie gar nicht mehr aus dem Haus. ■ Wenn sie kein Radio hätte, wüßte sie überhaupt nicht, was in der Welt passiert. ■ Wenn sie kein Geld auf der Sparkasse hätte, würde ihre Rente nicht genügen. ■ Wenn sie keinen Fernseher hätte, wären die Abende sehr lang.

*129 **Reprenez les mêmes phrases en supprimant *wenn*.**

*130 **Traduisez en allemand :**

S'il était plus riche, il pourrait faire un grand voyage. ■ Si la vieille dame n'avait pas peur de l'avion, elle pourrait aller en Amérique. ■ Si tu n'avais pas perdu ton argent, tu aurais pu t'acheter des BD. ■ S'ils avaient téléphoné, j'aurais été là pour les accueillir.

EXERCICE DE SYNTHÈSE

131 **Complétez les phrases suivantes en trouvant une ou plusieurs principales pour chaque subordonnée** (N.C.) :

Wenn ihr am Sonntag kommen könntet, ... ■ Wenn du länger bleiben dürftest, ... ■ Wenn das Wetter schöner wäre, ... ■ Wenn sie wieder gesund wäre, ... ■ Wenn Sie Lust hätten, ... ■ Wenn der Weg nicht so weit wäre, ... ■ Wenn du mitkommen wolltest, ... ■ Wenn er mitfahren dürfte, ... ■ Wenn sie ihre Gitarre mitbringen könnte, ... ■ Wenn der Wagen besser unterhalten wäre, ... ■ Wenn das Haus besser gepflegt wäre, ... ■ Wenn ein interessanter Film liefe, ... ■ Wenn die Reise nicht so teuer wäre, ... ■ Wenn die Kinder nicht so unruhig wären, ... ■ Wenn die Arbeit nicht so langweilig wäre, ... ■ Wenn die Verkäuferin freundlicher wäre, ... ■

132 Reliez les propositions suivantes aux propositions correspondantes ci-dessous :

1. Wenn er volljährig wäre, ... 2. Wenn er älter wäre, ... 3. Wenn es mehr Arbeitsplätze gäbe, ... 4. Wenn seine Frau auch berufstätig wäre, ... 5. Wenn er öfter zu Hause wäre, ... 6. Wenn sie einen besseren Torwart hätten, ... 7. Wenn sie nicht so schüchtern wäre, ... 8. Wenn sie einen besseren Bürgermeister hätten, ... 9. Wenn sie regelmäßig Zeitung lesen würde, ... 10. Wenn er viel Geld hätte, ...

a. würde er sich einen teuren Wagen kaufen. b. würden sie nicht so viele Spiele verlieren. c. wäre sie besser informiert. d. hätte sie mehr Erfolg. e. dürfte er wählen. f. könnte er einen Ferienjob finden. g. wäre die Stadt besser verwaltet. h. ginge es manchen Leuten besser. i. könnten sie sich mehr leisten. j. könnte er sich auch um die Kinder kümmern.

133 Reliez les propositions suivantes aux énoncés correspondants ci-dessous :

1. Wenn er einen besseren Eindruck gemacht hätte, ... 2. Wenn die Firma mehr Bestellungen gehabt hätte, ... 3. Wenn sie sich gewehrt hätte, ... 4. Wenn sie besser gespielt hätten, ... 5. Wenn sie sich beeilt hätten, ... 6. Wenn der Zug pünktlich gewesen wäre, ... 7. Wenn die Straße nicht gesperrt gewesen wäre, ... 8. Wenn die Feuerwehr eher gekommen wäre, ... 9. Wenn sie die Sicherheitsmaßnahmen besser beachtet hätten, ... 10. Wenn die Gewerkschaft die Arbeiter besser verteidigt hätte, ...

a. hätten sie gewinnen können. b. wäre das Haus nicht abgebrannt. c. wären die Arbeitsbedingungen besser geworden. d. hätte er die Stelle bekommen. e. wäre der Unfall nicht geschehen. f. hätte sie nicht so viel Personal entlassen. g. hätte man sie vielleicht behalten. h. wären sie rechtzeitig gekommen. i. hätte ich meinen Anschluß nicht verpaßt. j. hätte ich keinen Umweg zu machen brauchen.

134 Trouvez autant de combinaisons que possible avec les éléments suivants (subordonnée conditionnelle) et ceux ci-dessous (principale) (N.C.) :

Ex. : Wenn meine Nachbarn mehr Geld hätten, könnten sie eine große Reise nach Amerika machen. N.B. : Vous pouvez varier les sujets et les compléments.

1. mehr Geld haben. 2. Zeit haben. 3. mehr Geduld haben. 4. ein Auto haben. 5. reich sein. 6. Lust haben. 7. jünger sein. 8. Glück haben. 9. Mut haben.

a. mehr Sport treiben. b. am Marathonlauf teilnehmen. c. eine große Reise machen. d. öfter ein Buch lesen. e. eine lange Bergtour machen. f. im Lotto spielen. g. eine Villa am Meer kaufen. h. mehr verreisen. i. öfter ins Kino gehen. j. sich um die Kinder kümmern.

4. LES AUXILIAIRES DE MODE ET LE VERBE WISSEN

LES AUXILIAIRES DE MODE (voir tableau, p. 110)

Sens et emploi

Können :
a. Pouvoir, être capable de, savoir (faire qc).
Ex. : *Ich **kann** nicht so schnell laufen wie du. Er **kann** recht gut Französisch.*
b. Possibilité, éventualité.
Ex. : *Es **kann** in den Morgenstunden Nebel geben. Er **kann** vierzig Jahre alt sein.*

Dürfen :
a. Pouvoir, avoir la permission de.
Ex. : *Mutti, **darf** ich heute abend ins Kino ? Hier **darf** nicht geparkt werden.*
b. Éventualité (uniquement sous la forme *dürfte*).
Ex. : *Es **dürfte** heute abend auf der Autobahn Stau geben. Das **dürfte** kaum stimmen.*

Müssen :
a. Être obligé de, ne pouvoir faire autrement.
Ex. : *Wir **müssen** nächsten Monat eine andere Wohnung finden. Jetzt **mußt** du aber gehen !*
b. Forte probabilité.
Ex. : *Er **muß** krank sein. Er kann mich nicht gehört haben, sonst hätte er aufgemacht.*

Sollen :
a. Devoir (suppose la volonté d'autrui ou une obligation morale).
Ex. : *Du **sollst** nicht töten. **Soll** ich dich am Bahnhof abholen ?*
b. On dit que, il paraît que…
Ex. : *Er **soll** wieder zurück sein. Er **soll** auch dabei gewesen sein.*

Wollen :
a. Vouloir.
Ex. : *Ich **will** heute abend unbedingt fertig* werden. ***Willst** du noch ausgehen ?*
b. Il prétend que…
Ex. : *Er **will** dich am Dienstag im Kino gesehen haben. Er **will** die Klingel nicht gehört haben.*

Mögen :
a. Aimer bien, vouloir bien (surtout sous la forme : *ich möchte :* je voudrais, j'aimerais).
Ex. : *Dieses Buch **mag** ich überhaupt nicht. Ich **möchte** in den Ferien verreisen.*
b. Supposition. Ex. : *Er **mag** recht haben. Das **mag** sein.*

Le double infinitif : lorsqu'un **auxiliaire de mode** a pour complément un verbe à l'infinitif, le participe II prend la forme de l'infinitif.
Ex. : *Ich habe nicht **kommen können.***
Il en est de même pour le verbe ***lassen :*** Ex. : *Er hat sich die Haare **schneiden lassen.***

AUXILIAIRES DE MODE

135 Complétez le tableau suivant (N.C.) :

INFINITIF	2e PERS. PLURIEL PRÉSENT	3e PERS. SING. PRÉSENT	3e PERS. SING. PRÉTÉRIT
können			
	ihr müßt		
			er wollte
		er darf	
	ihr sollt		
		er weiß	

136 Complétez en mettant le verbe entre parenthèses à la forme voulue (au présent) :

Ich (können) schon ziemlich gut Deutsch. ■ Ich (wollen) 14 Tage in Berlin verbringen. ■ Ich (müssen) die Fahrkarte morgen kaufen. ■ Ich (wollen) mit dem Inter-City Zug fahren. ■ Ich (dürfen) erster Klasse fahren. ■ Ich (sollen) vor der Abreise einen Freund in Berlin anrufen. ■ Ich (wollen) am Morgen abreisen, ich (mögen) nicht gern nachts reisen. ■ Im Zug (können) ich nicht schlafen.

137 Même exercice, en remplaçant *ich* par *er,* puis par *sie* (3e pers. pluriel) :

138 Complétez :

(können) du schon gut Deutsch ? ■ Wie lange (wollen) du in Berlin bleiben ? ■ (wollen) du mit dem Zug oder mit dem Flugzeug reisen ? ■ (mögen) du nicht fliegen ? ■ (dürfen) du erster Klasse fahren ? ■ (müssen) du unbedingt so früh weg ? ■ (können) du in Berlin nicht bei einer Bekannten wohnen ? ■ (sollen) du vor der Abreise noch deine Kusine anrufen ? ■ (können) du diesen schweren Koffer allein tragen ?

*139 Complétez avec un auxiliaire de mode (au présent) :

Die meisten Jugendlichen finden diesen Sänger ganz toll, nur Elke... ihn nicht, sie... ihn überhaupt nicht leiden. ■ In einer Jugendherberge... man um 22 Uhr zurück sein, man... nicht später kommen, sonst... man draußen vor der Tür schlafen. ■ Du... sagen, was du..., ich glaube es doch nicht. ■ Um dieses schwere Rätsel lösen zu können, ... man besonders begabt sein. ■ Dieter... krank sein, sonst wäre er bestimmt gekommen. ■ Er meint, er wäre ein Genie, er... nämlich immer alles besser wissen. ■ In einem Nichtraucherabteil... nicht geraucht werden.

AUXILIAIRES DE MODE

***140** **Complétez avec un auxiliaire de mode (au présent) :**
... du mir helfen, diese schwere Übung zu machen? ■ Ich... diesen schweren Koffer bestimmt nicht tragen. ■ Jutta ist noch zu jung, sie... noch nicht in die Disko gehen. ■ Monika ißt gern Schokolade, aber sie... keine Bonbons. ■ Peter weiß noch nicht genau, was für einen Beruf er ausüben..., aber er... auf keinen Fall Lehrer werden. ■ Wenn du nicht zu spät ins Büro kommen..., ... du früher aufstehen. ■ Du weißt doch, daß du der Oma ein Brot bringen... ■ Ich habe soviel zu tun, daß ich nicht mehr weiß, womit ich anfangen... ■ Wenn du bessere Noten bekommen..., ... du fleißiger arbeiten. Wer..., der... (ein Sprichwort).

***141** **Complétez avec un auxiliaire de mode (au prétérit) :**
Da der kleine Junge noch nicht gut schwimmen..., ... er Schwimmunterricht nehmen. Seine Mutter... nämlich, daß er schnell Fortschritte machte. Jeden Tag... er eine Stunde trainieren. ■ Wenn er einmal nicht zum Unterricht gehen..., weil er zu viele Aufgaben hatte, ... er am nächsten Tag länger schwimmen. ■ Nach sechs Monaten... er fabelhaft schwimmen. ■ Es gefiel ihm so gut, daß er einem Schwimmverein beitreten... ■ Dann... er sogar noch sonntags schwimmen!

142 **Mettez les verbes en italique au parfait (passé composé) :**
Attention : double infinitif ! : **Zu spät auf der Party.**

Ich *konnte* nicht eher kommen. Ich *mußte* auf meine kleine Schwester aufpassen. ■ Meine Mutter *mußte* noch schnell eine Besorgung machen. ■ Ich *durfte* meine Schwester nicht allein lassen. ■ *Konntest* du nicht anrufen? ■ Ich *wollte* ja anrufen, aber ich *konnte* deine Telefonnummer nicht wiederfinden. ■ Um 21 Uhr *wollte* ich dann schnell wegfahren. ■ Aber mein Moped *wollte* nicht anspringen. ■ Dann *mußte* ich es reparieren. ■ Um 22 Uhr *konnte* ich endlich losfahren.

***143** **Complétez avec un auxiliaire de mode (double infinitif) :**
Peter hat seine Prüfung nicht bestanden, er hätte eben mehr arbeiten.... Anstatt ständig ins Kino zu gehen, hätte er auch manchmal in die Bibliothek gehen... . Da hätte er interessante Bücher finden.... Wenn er Hilfe gebraucht hätte, hätte er seinen Vater fragen... . Sein Vater ist sehr nett, er hätte ihm bestimmt helfen.... Dann hat er noch einen großen Bruder : der hätte ihm auch helfen.... Ich habe es ihm mehrmals gesagt, aber er hat ja nicht hören... . Dann wird er wohl nächstes Jahr besser arbeiten... !

***144** **Thème :**
Demain je ne peux pas venir. Il faut que j'aille chez ma cousine. Pouvons-nous nous voir après-demain au théâtre ou dois-je venir (passer) chez toi? Veux-tu que j'appelle notre ami Michel pour savoir s'il peut venir? Si nous devons manger chez toi, n'oublie pas qu'il n'aime pas la choucroute! Puis-je te demander *(bitten)* de m'apporter le dernier disque de Wolf Biermann?

*145 Parmi les phrases suivantes, choisissez dans les réponses ci-dessous celles qui correspondent aux questions posées :

1. Was ist denn los, daß er nicht gekommen ist? 2. Woher kommt denn dieser Herr? 3. Wann wird er endlich da sein? 4. Wie alt ist sie denn? 5. Wollen Sie nicht noch eine Tasse Kaffee mit uns trinken? 6. Wie gefällt Ihnen diese Platte? 7. Sagen wir heute abend um sechs? 8. Soll ich Sie mit dem Wagen nach Hause fahren?

a. Sie mag 30 Jahre alt sein. b. Heute abend kann ich leider nicht kommen. c. Machen Sie sich keine Mühe. Ich kann den Bus nehmen. d. Er muß krank sein. e. Er muß jeden Augenblick kommen. f. Nein, danke, ich muß nun wirklich gehen. g. Seinem Akzent nach dürfte er aus Südfrankreich kommen. h. Diese Musik mag ich überhaupt nicht.

*146 Parmi les phrases suivantes, choisissez dans les réponses ci-dessous les situations qui correspondent aux paroles prononcées :

1. Die Mutter macht ihrem Sohn Vorwürfe. 2. Ich habe die Frage nicht richtig verstanden. 3. Die Sache ist mir ein Rätsel. 4. Die Mutter möchte in Ruhe telefonieren. 5. Der Vater beklagt sich über seine faulen Kinder. 6. Die Eltern möchten mehr Ordnung im Haus. 7. Ich habe es eilig. 8. Die Mutter gibt ihrer Tochter einen guten Rat.

a. „Wie bitte? Können Sie das wiederholen? b. Dein Zimmer dürfte auch mal wieder aufgeräumt werden. c. Was, du willst schon wieder fernsehen? d. Du darfst nicht alles glauben, was man dir sagt. e. Jetzt muß ich aber wirklich gehen. f. Kannst du nicht mal deine Musik leiser stellen? g. Ihr könntet mir wirklich ein bißchen helfen. h. Das kann ich einfach nicht verstehen."

*147 Reconstituez les phrases en reliant une des subordonnées suivantes à l'une des énonciatives ci-dessous :

1. Wenn du darfst, ... 2. Wenn du ausgehen möchtest, ... 3. Wenn es unbedingt sein muß, ... 4. Wenn du diesen Film nicht magst, ... 5. Wenn sie nicht frieren will, ... 6. Wenn du übers Wochenende wegfahren willst, ... 7. Wenn er das nicht kann, ... 8. Wenn ich das alles noch machen soll, ... 9. Wenn er Fortschritte machen will, ... 10. Wenn wir den Bus nicht verfehlen wollen, ...

a. ... können wir heute abend ins Kino gehen. b. ... kann ich dir die 100 DM für eine Woche leihen. c. ... müssen wir jetzt gehen. d. ... mußt du deine Arbeit vorher erledigen. e. ... so soll er doch seinen Lehrer fragen. f. ... muß er fleißig üben. g. ... können wir uns einen anderen ansehen. h. ... mußt du deine Aufgaben alle am Freitag machen. i. ... muß sie sich wärmer anziehen. j. ... muß ich mich aber beeilen.

EXERCICE DE SYNTHÈSE

***148 Reconstituez le dialogue suivant à l'aide des répliques indiquées ci-dessous :**

A. — Willst du am Sonntag mitkommen ? B. — ... ■ A. — Wir wollen im Schwarzwald wandern. B. — ...■ A. — Du mußt am Sonntag wieder arbeiten ! B. — ... ■ A. — Eben (das meine ich auch). Dann kannst du ja mit uns wandern. B. — ... ■ A. — Wieso ? Kannst du die alten nicht mehr tragen (nehmen) ? B. — ... ■ A. — Ganz kaputt ? Konntest du sie nicht mehr reparieren lassen ? B. — ... ■ A. — Deshalb brauchst du doch nicht zu Hause zu bleiben. Du kannst doch mitkommen. B. — ... ■ A. — Mach dir keine Sorgen ! Ich habe noch ein Paar alte Schuhe, die will ich dir leihen. B. — ...

1. — Ach was, ich kann doch auch einmal an einem Sonntag spazieren gehen. ■ 2. — Nein, letzten Sommer habe ich sie in den Alpen beim Klettern kaputt gemacht. ■ 3. — Ich weiß nicht. Wohin soll's denn gehen ? ■ 4. — Und was soll ich für Schuhe anziehen ? ■ 5. — Hoffentlich kann ich damit gehen ! ■ 6. — Da möchte ich schon mitkommen, aber... ■ 7. — Nein, ich mußte sie wegwerfen. Jetzt habe ich keine Wanderschuhe mehr. ■ 8. — Ich wollte mir eigentlich neue Wanderschuhe kaufen.

LE VERBE WISSEN

Voir tableau, p. 110.

Sens :
savoir, être au courant de quelque chose.
Ex. : *Weißt du, wer dieses Bild gemalt hat ? Das **weiß** doch jedes Kind !*

Ne pas confondre !
wissen : savoir quelque chose.
Ex. : *Ich **weiß**, daß er in Stuttgart wohnt.*
können : savoir **faire** quelque chose.
Ex. : *Er **kann** gut Deutsch (sprechen)*
être capable de Ex. : *Das **kann** ich nicht machen.*
kennen : connaître ; Ex. : ***Kennst** du ihn nicht ?*

LE VERBE WISSEN

149 Complétez avec le verbe *wissen* au temps voulu :

Im Reisebüro. ■ Guten Tag, ich möchte..., ob es bei der Bahn für Jugendliche einen Sondertarif gibt. ■ Das kommt drauf an. Entschuldigen Sie, das... ich nicht so genau. Da müssen Sie meinen Kollegen Radomski fragen, der... das alles. Radomski, jemand für Sie ! ■ Radomski ist im Augenblick nicht da. ■ ... Sie, wo er ist ? ■ Nein, das... ich leider nicht. Er ist nur kurz weggegangen und, ... Sie, so neugierig bin ich nicht. ■ Ja, ja, ich... schon. Aber vielleicht... Sie auch Bescheid. ■ Vor zwei Jahren, als ich in dieser Abteilung war, ... ich schon einiges, aber inzwischen hat sich so vieles geändert. ■ Und wie ist es mit dem Kollegen Marek? ... der vielleicht etwas? ■ Der hat so was noch nie... Der ist doch für Gütertransport zuständig. ■ Ah, da kommt ja Radomski. Ich habe ja..., daß es nicht lange dauert. ■ Ja, da bin ich wieder. Bitte, was wollen Sie...?

LE VERBE WISSEN

*150 Complétez avec *wissen, können, kennen* selon le cas (au présent) :

„... du mir sagen, wie man am besten nach San Lucido kommt? ■ Nein, ich... nicht einmal, wo das liegt. ■ Ganz dort unten in Kalabrien. Ich denke, du... Italien so gut! ■ Norditalien... ich, da... ich dir jede Reiseroute sagen, aber der Süden ist mir völlig unbekannt. Aber du... ja Peter fragen, der... Kalabrien wie seine Hosentasche. Er... jede Straße, jeden Weg und jeden Ort, wo man eine Unterkunft finden... ■ Welchen Peter meinst du denn? ■ Na, den Peter, der an der Uni ist und so gut Italienisch... ■ Ein Peter, der Italienisch...? Nein, den... ich nicht. ... du, wo er wohnt? ■ Selbstverständlich! Und ich... dir sogar seine Telefonnummer geben. ■ Du... ihn gleich heute abend anrufen und ihn alles fragen, was du... willst."

*151 Complétez avec *wissen, können, kennen* selon le cas (au prétérit ou au parfait) :

Ich hätte ihm gern geholfen, aber ich... nicht. ■ Ich wäre gern zu ihm gegangen, aber ich... nicht, wo er wohnt. ■ Ich glaube, damals... wir uns noch nicht. ■ Erinnerst du dich an Brigitte? — Ich glaube, ich habe sie früher mal..., als wir an der Uni waren. ■ Ich... sie aber nicht leiden, sie war so eingebildet! ■ Wir hatten einen hervorragenden Professor, der alles... und viele Wissenschaftler persönlich... ■ Er... stundenlang über ein Thema sprechen, ohne uns zu langweilen. ■ Er war aber auch sehr streng, wenn man bei der Prüfung etwas nicht gleich..., ... man sofort wieder gehen. ■ Ich... einen Studenten, der zehnmal bei ihm durchgefallen ist. ■ Zum Schluß... er es nicht mehr aushalten. Er... nicht mehr, was tun. Zum Glück... er jemanden, der ihm eine Arbeit besorgen... . Die hat er dann angenommen und das Studium abgebrochen.

*152 Traduisez en allemand :

Sais-tu qui est cet homme? ■ Non, je ne le connais pas. ■ Le devoir est trop difficile, je ne sais pas le faire. ■ Connais-tu cette ville? Je devrais savoir où elle se trouve, mais je n'arrive pas à la retrouver sur la carte. ■ Je peux t'aider si tu ne sais pas comment ça fonctionne. ■ Si j'avais su, je ne serais pas venu. ■ Ah, si vous saviez comme je suis malheureux! ■ S'il avait vraiment travaillé, il saurait mieux l'allemand. ■ Si je ne le connaissais pas si bien, je ne pourrais pas lui téléphoner si tard.

5. LA VOIX PASSIVE

La voix passive se forme avec l'auxiliaire ***werden*** et le **participe II** du verbe. Le complément d'agent est généralement introduit par la préposition ***von*** suivie du datif (quelquefois par ***durch*** + accusatif).

Présent :
Jedes Jahr besuchen viele deutsche Touristen die Stadt Paris. ■ *Jedes Jahr* ***wird*** *die Stadt Paris* ***von*** *vielen deutschen Touristen* ***besucht.***

Prétérit :
Letztes Jahr ***wurde*** *die Stadt Paris von vielen deutschen Touristen besucht.*

Parfait :
Von jeher ***ist*** *die Stadt Paris von vielen deutschen Touristen besucht* ***worden.***

Plus-que-parfait :
Schon damals ***war*** *die Stadt Paris von vielen deutschen Touristen besucht* ***worden.***

Futur :
Nächstes Jahr ***wird*** *die Stadt Paris wieder von vielen deutschen Touristen besucht* ***werden.***

Remarque : L'emploi du passif est beaucoup plus fréquent en allemand qu'en français. Un passif allemand ne correspond donc pas systématiquement à un passif français. Il est souvent rendu par la voix active en français.

Cette remarque concerne surtout **le passif « impersonnel »**, celui qui n'a pas de complément d'agent exprimé. Il correspond à l'actif *man* et au français « on » : *Hier spricht man Deutsch. Hier* ***wird*** *Deutsch gesprochen.*

N.B. : *Es* occupe la 1re place uniquement lorsqu'il n'y a pas d'autre complément en tête de phrase. Il faut obligatoirement supprimer *es* lorsqu'il n'est pas en tête de phrase.

LA VOIX PASSIVE

153 Répondez aux questions en utilisant la voix passive, selon le modèle :

Wer bedient die Kunden im Schuhgeschäft ? (eine Verkäuferin) Im Schuhgeschäft **werden** die Kunden **von einer Verkäuferin bedient**.

a. Présent

Wer deckt heute den Tisch ? (die Kinder) ■ Wer bedient die Gäste im Restaurant ? (der Ober) ■ Wer repariert die Schuhe ? (der Schuster) ■ Wer bringt Briefe und Pakete ? (der Briefträger) ■ Wer macht das Tor um 7 Uhr 45 auf ? (der Pförtner) ■ Wer schließt alle Türen und Fenster um 18 Uhr 30 ? (der Hausmeister).

b. Prétérit

Wer holte das Kind jeden Abend ab? (die Mutter) ■ Wer brachte die Kinder zum Bahnhof? (die Eltern) ■ Wer untersuchte den Kranken gründlich? (unser Hausarzt) ■ Wer brachte den Tramper bis vor seine Haustür? (der freundliche Herr) ■ Wer suchte den Flüchtling die ganze Nacht? (die Polizei) ■ Wer entdeckte ihn am Morgen im Wald? (ein Polizeihund).

c. Parfait (passé composé)

Wer hat diese herrliche Melodie komponiert? (ein unbekannter Musiker) ■ Wer hat den gefährlichen Mörder verhaftet? (die Polizei) ■ Wer hat ihn zu 20 Jahren Gefängnis verurteilt? (die Richter) ■ Wer hat den armen Fußgänger überfahren? (ein betrunkener Autofahrer) ■ Wer hat den Wagen tadellos repariert? (dieser junge Automechaniker) ■ Wer hat diesen schönen Brief geschrieben? (meine Freundin).

154 Transposez les phrases suivantes au passif (passif impersonnel) :

In unserem Betrieb arbeitet man fleißig. ■ Dort spielt man Tennis. ■ Heute schreiben wir eine Klassenarbeit. ■ Am Sonntag tanzen sie bis in die späte Nacht. ■ Im Stadtzentrum dreht man zur Zeit einen Film. ■ Auf dem Markt verkauft man viel Gemüse.

*155 Transposez les phrases suivantes au passif (+ auxiliaires de mode) :

Auf dem Platz darf man nicht parken. ■ Er soll die Arbeit morgen abgeben. ■ Wir müssen den Wagen unbedingt in die Werkstatt bringen. ■ Man kann den Wagen heute nicht mehr reparieren. ■ Im Kino darf man nicht rauchen. ■ Wir müssen die Wohnung vor dem Ersten leermachen.

156 Transposez les phrases suivantes au passif (présent), puis mettez les phrases ainsi obtenues au prétérit :

Diese Ingenieure bauen eine neue Rakete. ■ Fachleute kontrollieren jedes Teil der Rakete. ■ Die Franzosen bauen den Motor. ■ Die Deutschen stellen die Plastikteile her. ■ Eine japanische Ingenieurin kontrolliert die elektronischen Teile. ■ Ein internationales Team überprüft das Ganze. ■ Vor dem Start füllt man die Tanks. ■ Um Punkt 15 Uhr startet man die Rakete. ■ Nach zwanzig Minuten trifft eine fliegende Untertasse die Rakete. ■ Mexikanische Taucher holen die Kosmonauten aus dem Wasser. ■ Man bringt den verletzten Kosmonauten ins Krankenhaus. ■ Auf einer Pressekonferenz interviewen ihn Journalisten aus der ganzen Welt.

*157 Mettez au passif (en respectant les temps de l'actif) :

Der Arzt operiert den Kranken. ■ Im Bus raucht man nicht. ■ In diesem Abteil darf man rauchen. ■ Hier spricht man Deutsch. ■ Sonntags arbeiten wir nicht. ■ Bei Austerlitz besiegte

LA VOIX PASSIVE

Napoleon die Österreicher und die Russen. ■ Bei Waterloo haben die Engländer und die Preußen den französischen Kaiser besiegt. ■ Den Kassettenrecorder kann man nicht mehr reparieren. ■ Die Polizei verhaftete den Dieb. ■ In der Jugendherberge tranken wir nur Wasser. ■ Ein dänischer Dichter schrieb dieses hübsche Märchen. ■ Heute nachmittag müssen wir dein Fahrrad unbedingt reparieren. ■ Man wäscht die schmutzige Wäsche in der Waschmaschine. ■ Vor der nächsten Woche konnte man die Maschine nicht mehr reparieren. ■ Schon 1942 hat Wernher von Braun die ersten Raketen gebaut. ■ Man nannte sie V1 und V2.

*158 Traduisez en allemand :

Après l'accident. ■ La police fut aussitôt informée par un témoin *(der Zeuge (n))*. ■ Les blessés furent tous transportés à l'hôpital. ■ Un blessé grave dut être opéré immédiatement. ■ L'opération fut pratiquée *(durchführen)* par un éminent *(hervorragend)* spécialiste. ■ Les blessés légers furent soignés, puis ramenés chez eux.

*159 Transposez les phrases suivantes au passif selon le modèle :

Zuerst wird die Butter schaumig gerührt, dann...

Ein Kochrezept : Apfelauflauf. ■ Zutaten : Eine Tasse Butter, eine Tasse Zucker, 4 Eier, eine halbe Tasse Milch, eine Tasse Mehl, 2 Pfund Äpfel, ein Schuß Rum, ein Eßlöffel Rosinen *(raisins de Corinthe)*, ein Eßlöffel gehobelte Mandeln *(amandes effilées)*.

Zubereitung : Butter schaumig rühren, Eigelb, Zucker, Mehl und Milch zugeben ; Eiweiß steif schlagen und unter die Masse ziehen. Äpfel in feine Scheiben schneiden, mit Rum beträufeln und mit Rosinen und Mandeln mischen. Die halbe Teigmasse in eine gefettete Auflaufform geben, Apfelmasse dazwischen füllen, mit dem anderen Teig bedecken und 40 Minuten bei mittlerer Hitze backen.

160 Transformez les phrases selon le modèle :

Nach der Party macht ihr das Licht aus.

a. Selbstverständlich **wird** das Licht **ausgemacht**.

b. Ich passe schon auf, daß das Licht **ausgemacht wird**.

Nach der Party räumt ihr alles auf. ■ Nach der Party stellt ihr Tische und Stühle an ihren Platz zurück. ■ Nach der Party spült ihr die Gläser. ■ Nach der Party macht ihr den Teppich sauber. ■ Nach der Party stellt ihr das saubere Geschirr in den Schrank. ■ Nach der Party bringt ihr die Abfälle in den Mülleimer. ■ Nach der Party stellt ihr die Hi-Fi-Anlage ab. ■ Nach der Party stellt ihr die Lautsprecher wieder an die Wand. ■ Nach der Party schließt ihr Türen und Läden.

LA VOIX PASSIVE

161 Transformez les phrases selon le modèle :

Heute wird der Fernseher nicht mehr repariert.
Heute **kann** der Fernseher nicht mehr **repariert werden.**

Heute abend wird der Staubsauger nicht mehr repariert. ■ Vor Ende der Woche wird der Wagen nicht mehr repariert. ■ Heute wird der Kranke nicht mehr operiert. ■ Am Sonntag werden die Patienten nicht aus dem Krankenhaus entlassen. ■ Jetzt wird das Öl nicht mehr gewechselt. ■ Vor Dienstag werden die Kleider nicht gereinigt. ■ Vor morgen früh werden die Briefe nicht fortgeschickt. ■ Vor dem 15. Oktober wird die Heizung nicht angemacht.

*162 Traduisez en utilisant un passif dans chaque phrase :

Dans le tramway on ne fume pas. ■ Au théâtre on ne mange pas. ■ Dans ce restaurant on parle allemand. ■ Le dimanche on ne travaille pas. ■ Maintenant on joue au football. ■ On a bien travaillé toute la journée. ■ Et le soir on a bien ri. ■ Cette voiture est trop vieille, on ne peut plus la réparer. ■ Il faut faire la vidange tous les 15 000 km. ■ On ne doit pas marcher sur le gazon.

163 Répondez aux questions selon le modèle :

Wer hat Amerika entdeckt? — Christoph Kolumbus.
Amerika ist von Christoph Kolumbus entdeckt worden.

Wer hat den Impfstoff *(le vaccin)* gegen die Tollwut entdeckt? — Pasteur. ■ Wer hat die Buchdruckerkunst erfunden? — Gutenberg. ■ Wer hat drei Goldmedaillen bei den Olympischen Winterspielen in Grenoble gewonnen? — Killy. ■ Wer hat die erste Atombombe gebaut? — Oppenheimer. ■ Wer hat dieses Porträt gemalt? — ein deutscher Künstler. ■ Wer hat den Weltrekord im Hochsprung aufgestellt? — ein sowjetischer Sportler. ■ Wer hat die Freiheitsstatue von New York gemacht? — ein elsässischer Bildhauer namens Bartholdi. ■ Wer hat die Statue den Amerikanern geschenkt? — die französische Regierung.

EXERCICE DE SYNTHÈSE

*164 Complétez les informations suggérées par ces titres de journaux avec le plus de détails possibles (N.C.) :

Ex. : Flugzeug entführt! ■ Gestern abend gegen 21 Uhr ist eine Boeing 747 der Lufthansa mit 195 Passagieren an Bord zwischen Athen und Ankara von iranischen Luftpiraten **entführt** worden.

Mörder verhaftet! ■ Regierung gestürzt! ■ Rakete gestartet! ■ Deutsche Elf besiegt! ■ Bankräuber erschossen! ■ Bergsteiger gerettet! ■ Gastarbeiter verprügelt! ■ Lehrer mit Pistole bedroht! ■ Mädchen vergewaltigt! ■ Benzinpreis erhöht! ■ Oma überfahren!

III. SAVOIR CONSTRUIRE UNE PHRASE

1. LA STRUCTURE DE LA PHRASE

Place du verbe dans la phrase.

1. Dans la proposition indépendante :
En règle générale, le verbe conjugué est en 2e position (sauf s'il s'agit d'une interrogation directe ou d'un impératif). Ex. : *Wir* ***fahren*** *heute nachmittag in die Stadt. Heute nachmittag* ***fahren*** *wir in die Stadt.*

Le premier membre de la phrase peut être le sujet, ou un complément d'objet, ou un complément circonstanciel, ou une proposition subordonnée. Ex. : *Das Buch* ***habe*** *ich zum Geburtstag bekommen. Wenn wir Zeit haben,* ***fahren*** *wir heute nachmittag in die Stadt.*

Remarque :
Après les conjonctions de coordination telles que *aber, und, denn, oder,* on ne fait pas « l'inversion » du sujet.

2. Dans la proposition subordonnée :
Le verbe conjugué est en dernière position. Ex. : *Ich glaube, daß er am Sonntag ins Gebirge* ***fährt****. Ich weiß nicht, ob sie morgen kommen* ***kann****.*

LA STRUCTURE DE LA PHRASE

165 **Transformez les phrases suivantes en mettant l'expression en italique en tête de phrase :**

Ex. : Er fährt *morgen* nach Berlin. *Morgen* fährt er nach Berlin.

Die Sonne geht *im Osten* auf. ■ Die Tage werden *im Frühling* immer länger. ■ Er fährt *im Winter* immer nach Nizza. ■ Sie haben die Sommerferien *dieses Jahr* in Rimini verbracht. ■ Ich habe *Gott sei Dank* meine Bilder nicht vergessen. ■ Eine uralte Linde stand *auf dem Marktplatz.* ■ Diese fleißige Schülerin ist *noch nie* sitzengeblieben. ■ Ich wollte *übrigens* morgen früh bei dir vorbeikommen. ■ Erika hat eine Schallplatte *zum Geburtstag* bekommen.

166 Transformez les phrases suivantes en commençant par le sujet :

Ex. : Am Sonntag komme ich zu dir. Ich komme am Sonntag zu dir.

Im Jahre 1749 ist Goethe geboren (worden). ■ Zum Geburtstag hat mein Bruder ein Fahrrad bekommen. ■ Übrigens bin ich heute abend nicht zu Hause. ■ In der Kantine haben wir sehr gut gegessen. ■ In diesem Museum hängt ein berühmtes Bild von Dürer. ■ Am liebsten möchte ich Fisch essen. ■ Jeden Tag kommt er bei uns vorbei. ■ In den Ferien habe ich meinen deutschen Freund besucht. ■ Jeden Mittwoch gehen wir schwimmen. ■ Von meinem Onkel habe ich lange nichts mehr gehört.

167 Complétez les phrases avec la conjonction de coordination qui convient :

Ich möchte dich gern besuchen, . . . ich weiß nicht, ob ich kommen kann. ■ Er kann nicht kommen, . . . er ist krank. ■ Ich komme zu dir . . . du kommst zu mir. ■ Jeden Morgen dusche ich. . . (ich) putze mir die Zähne. ■ Ich stelle den Tisch in die Ecke . . . ich hänge das Bild an die Wand. ■ Was tun ? Gehe ich ins Kino . . . besuche ich meine Freundin ? ■ Er hat immer schlechte Noten, . . . er ist gar nicht so dumm.

168 Transformez les phrases suivantes en mettant la proposition subordonnée en tête de phrase :

Wir kommen morgen bei dir vorbei, wenn wir Zeit haben. ■ Wir wollen heute abend ins Theater gehen, obwohl wir noch keine Karten haben. ■ Wir kommen morgen bei Ihnen vorbei, wenn es Ihnen recht ist. ■ Eric verbringt drei Wochen in Deutschland, um Deutsch zu lernen. ■ Ich rufe dich heute abend an, wenn ich daran denke. ■ Wir haben eine lange Wanderung gemacht, obwohl es ziemlich kalt war. ■ Seine Eltern schicken ihn nach England, damit er Fortschritte in Englisch macht. ■ Der Tisch war noch nicht gedeckt, als die Gäste kamen. ■ Brigitte machte ihre Schulaufgaben, während ihr Bruder mit dem Hund spielte. ■ Du solltest dir das gut überlegen, bevor du eine Entscheidung triffst.

169 Modifiez les phrases ci-dessous en commençant par l'un des groupes en italique :

Ex. : Ich habe *gestern* meinem Freund ein schönes Buch geschenkt. Gestern habe ich meinem Freund ein schönes Buch geschenkt.

Wir haben *am Sonntag in der Stadt* einen Freund meines Vaters getroffen. ■ Brigitte geht *jeden Donnerstag* mit ihrem Freund ins Schwimmbad. ■ Familie Brückner hat ihre Sommerferien *mit französischen Freunden* an der Riviera verbracht. ■ Ich gehe *vielleicht morgen* zu meinem Freund Jens. ■ Er hat *im August* einen Amerikaner *in Paris* kennengelernt. ■ Wir machen *wahrscheinlich in den Osterferien* eine große Reise nach Afrika.

LA STRUCTURE DE LA PHRASE

*170 Formez des phrases à l'aide des éléments ci-dessous qui vous sont donnés dans le désordre :

haben - am - Schule - Kinder - Sonntag - die - keine ■ ist - Erikas - morgen - Arbeitstag - erster - Möbelfirma - der - in ■ Weihnachten - vielleicht - Schweiz - in - wir - zu - die - fahren ■ Autos - der - Abgase - verpesten - Jahren - die - Großstädten - seit - die - den - Luft - in ■ wegen - seit - ein - Jahren - Wirtschaftskrise - paar - der - die - haben - kaum - Gastarbeiter - Chance - noch - Arbeit - finden - eine - zu - eine ■ berufstätig - mehr - sind - Frauen - heutzutage - immer ■ viele - in - jeden - Zuschauer - Fußballstadien - Samstag - deutschen - sind - den ■ ihrer - nach -feiern - die - Straßen - und - den - Fans - Mannschaft - Gaststätten - in - Sieg - dem - den - auf ■ können - den - Jugendlichen - in - übernachten - die - preiswert - Jugendherbergen ■ Reaktionen - der - wegen - viele - ausländerfeindliche - steigenden - haben - Leute - Arbeitslosenquote.

*171 Faites des phrases complexes en ajoutant les éléments indiqués entre parenthèses :

Ex. : Die Kinder gehen ins Kino (jeden Samstag mit ihren Freunden) ■ Jeden Samstag gehen die Kinder mit ihren Freunden ins Kino.

Ihre Eltern gehen ins Theater — (heute abend mit guten Bekannten) ■ Die Großeltern wollen uns besuchen — (zu Weihnachten vielleicht) ■ Wir hatten Gäste — (am Sonntag zum Mittagessen) ■ Wir machten einen Spaziergang — (nach dem Essen durch den Stadtpark) ■ Viele Ehepaare waren im Park — (bei diesem schönen Wetter mit ihren Kindern) ■ Sein Wagen kam ins Schleudern — (gestern abend auf dem Glatteis) ■ Der Wagen fuhr auf einen Baum — (mit großer Geschwindigkeit gleich danach) ■ Niemand wurde verletzt — (im Wagen zum Glück).

*172 Complétez les phrases suivantes à l'aide des éléments indiqués (N.C.) :

Ex. : Meine Freundin hat einen Mantel gekauft — gestern nachmittag / schwarz / in einer Boutique. ■ Gestern nachmittag hat meine Freundin einen schwarzen Mantel in einer Boutique gekauft. ■ In einer Boutique hat meine Freundin gestern nachmittag einen schwarzen Mantel gekauft. ■ Meine Freundin hat gestern nachmittag einen schwarzen Mantel in einer Boutique gekauft.

Der Briefträger bringt ein Paket - /klein / ins Haus / mit seinem Moped ■ Der Junge holte Brötchen zum Frühstück - /heute morgen um sieben / beim Bäcker / frisch ■ Die Mutter kauft Birnen - /im Supermarkt / süß / zum Nachtisch ■ Meine Schwester mag Äpfel lieber - /grün /als Nachtisch / eigentlich ■ Der Junge hat eine Kassette gekauft - /im Musikgeschäft / für seine Schwester /teuer ■ Sie hören sich die Kassette an - /in ihrem Zimmer / den ganzen Nachmittag / neu ■

LA STRUCTURE DE LA PHRASE

173 Faites des propositions subordonnées en reliant les deux indépendantes :

Ex. : *Kommt* er morgen ? Das frage ich mich. Ich frage mich, *ob* er morgen *kommt*.

Kann er kommen ? Das frage ich mich. ■ Will er mitmachen ? Das weiß ich nicht. ■ Hat er morgen Zeit ? Das müssen wir ihn fragen. ■ Bringt das Fernsehen heute abend etwas Interessantes ? Das muß ich mal sehen. ■ Ist die Serie immer noch nicht zu Ende ? Das müssen wir die Kinder fragen. ■ Würdest du mit mir ins Theater gehen ? Das möchte ich wissen. ■ Hast du das Buch schon gelesen ? Das möchte ich wissen. ■ Kann er mir das Buch leihen ? Das frage ich mich. ■ Hat ihm die Reise nach Japan gefallen ? Das müssen wir ihn fragen.

174 Faites des propositions subordonnées en reliant les deux indépendantes :

Ex. : Er kann nicht kommen ; er hat keine Zeit. Er kann nicht kommen, *weil* er keine Zeit *hat*.

Sie wollen am Sonntag nicht kommen ; sie haben keine Lust. ■ Heute abend habe ich keine Zeit ; ich muß diese Arbeit für morgen fertigmachen. ■ Am Wochenende können wir nicht Ski laufen ; der Lift funktioniert nicht. ■ Ins Schwimmbad können wir auch nicht gehen ; es ist wegen Reinigungsarbeiten geschlossen. ■ Er ist todmüde ; er hat die ganze Nacht gearbeitet. ■ Sie sind erschöpft ; sie haben die ganze Nacht gefeiert. ■ Sie kann nicht in ihre Wohnung ; sie hat ihre Schlüssel verloren. ■ Sie können sich kein neues Auto kaufen ; sie haben nicht genug Geld. ■ Sie müssen sich einen Wagen kaufen ; der alte kommt nicht mehr durch den TÜV. ■ Sie wollen aber auch keinen Gebrauchtwagen kaufen ; man kann dem Verkäufer nicht immer vertrauen.

EXERCICE DE SYNTHÈSE

*175 Faites le plus de phrases possibles en utilisant les verbes suivants pour la proposition principale et ceux ci-dessous pour la subordonnée (N.C.) :

Ex. : Es tut mir leid, daß ich Ihr Buch vergessen habe. ■ Ich hoffe, daß Sie mir nicht böse sind. ■ Es freut mich, daß Sie nächste Woche vorbeikommen.

1. Es tut mir leid, ... 2. Ich hoffe, ... 3. Ich schlage vor, ... 4. Es freut mich, ...

a. ... ich habe Ihnen wehgetan. b. ... ich habe Ihr Buch vergessen. c. ... Sie sind mir nicht böse. d. ... Sie haben mir Theaterkarten besorgt. e. ... Sie können mich ein anderes Mal besuchen. f. ... ich war nicht zu Hause. g. ... ich mußte plötzlich verreisen. h. ... Sie kommen nächste Woche vorbei. i. ... Sie rufen mich vorher an. j. ... ich habe Ihre Telefonnummer vergessen. k. ... ich werde Sie bald wiedersehen. l. ... wir treffen uns nächste Woche um vier Uhr im Café Kranzler.

2. LA NÉGATION

Avec un adjectif attribut ou un adverbe :
Ex. : *Er ist **nicht** müde. Er läuft **nicht** schnell.*

Avec un verbe seul :
Ex. : *Er arbeitet **nicht**. Er will **nicht** kommen.*

Avec un complément :
— précédé d'une préposition : *Ex. : Er will **nicht** ins Kino.*
— sans préposition : *Ex. : Er hat den Film **nicht** gesehen.*
— avec un partitif : *Ex. : Er hat **kein** Geld.*

Avec deux éléments en opposition :
Ex. : *Er kommt **nicht** morgen, **sondern** übermorgen. Er will **nicht** nach München, **sondern** nach Berlin. Er kennt **nicht** das Buch, **sondern** den Film.*

Négation (autres formes)
noch → nicht mehr, kein mehr. schon → noch nicht. etwas → nichts. noch etwas → nichts mehr. schon einmal → noch nie/niemals.

LA NÉGATION

176 Répondez aux questions par la négative :

Bist du zufrieden ? ■ Ist er froh ? ■ Sind sie glücklich ? ■ Kann dein Bruder kommen ? ■ Willst du spazierengehen ? ■ Will das Baby schlafen ? ■ Gehst du ins Theater ? ■ Fährt er nach Bonn ? ■ Wollt ihr zu eurer Großmutter ? ■ Hast du diesen Film gesehen ? ■ Kennst du diese Stadt ? ■ Willst du deiner Nachbarin helfen ? ■ Möchtest du ein Bier ? ■ Magst du Milch ? ■ Wollt ihr Salzkartoffeln essen ?

*177 Répondez aux questions suivantes par la négative :

Wollt ihr noch arbeiten ? ■ Willst du noch Kaffee ? ■ Möchtest du noch Kuchen ? ■ Ist er schon da ? ■ Hat der Film schon angefangen ? ■ Warst du schon am Nordpol ? ■ Willst du noch etwas ? ■ Hast du dieses Buch schon gelesen ? ■ Hat er noch etwas gesagt ? ■ Ist er noch krank ? ■ Ist deine Großmutter schon einmal mit der Concorde geflogen ?

*178 Traduisez en allemand :

Cet enfant n'est pas grand. ■ Je n'ai pas faim. ■ Il n'a pas d'argent. ■ Je ne trouve pas mes clés. ■ Je ne peux pas rentrer chez moi. ■ Ce bus ne va pas en ville, il va au stade. ■ Je ne connais pas encore cette ville.

3. LA PONCTUATION

Principe de base :
Il **faut** mettre une virgule entre la proposition principale et la proposition subordonnée d'une part et entre deux propositions subordonnées d'autre part.

Attention ! Il n'y a **jamais** de virgule après un complément circonstanciel en tête de phrase. Ex. : *Gestern abend erhielt ich Besuch von einem Freund, den ich lange nicht gesehen hatte und der jetzt in Amerika wohnt.*

LA PONCTUATION

179 Mettez les virgules lorsqu'il en faut :

Zu Weihnachten fahren wir vielleicht nach Paris. ■ Wenn wir eine Woche in Paris verbringen wollen sollten wir ein Hotelzimmer reservieren. ■ Vielleicht können wir bei Freunden übernachten die eine große Wohnung in Montmartre haben. ■ Wenn wir Zeit haben wollen wir auch die Kusine meines Vaters besuchen die in einer kleinen Stadt wohnt die etwa dreißig Kilometer von Paris entfernt liegt. ■ Ich frage mich ob wir den herrlichen Film von Fritz Lang sehen können der *M wie Mörder* heißt und den er in den USA gedreht hat nachdem er Deutschland verlassen hatte wo er als Jude keine Chance hatte Karriere zu machen.

180 Mettez les virgules là où il en faut :

Die Aufgabe des Architekten. Die größte Verantwortung aber die der Architekt auf sich nehmen muß ist die Erhaltung und Entwicklung unserer Umgebung. Der Mensch steht in wechselseitiger Beziehung zur Natur aber seine Macht das natürliche Bild der Erdoberfläche zu verändern ist so gewaltig geworden daß sie aus einem Segen zu einem Fluch werden könnte. Wie können wir hinnehmen daß ein schönes Stück offener Landschaft nach dem anderen von Traktoren zerstört und aller Vegetation beraubt wird um dann von Unternehmern mit Hunderten von nichtssagenden kleinen Häusern bebaut zu werden zu denen sich ungezählte Telegraphenstangen gesellen an Stelle der achtlos umgeschlagenen Bäume! Die ursprüngliche Pflanzenwelt und die natürlichen Unregelmäßigkeiten der Landschaft werden entweder durch Unachtsamkeit durch Geschäftsinteresse oder einfach durch Gedankenlosigkeit zerstört weil der Bauunternehmer das Land vor allem als kommerzielle Ware ansieht. Solange wir nicht lernen das Land zu lieben und zu respektieren wie ein uns anvertrautes Gut solange wird diese Zerstörung weitergehen.

Nach Walter Gropius.

4. LES CONJONCTIONS DE SUBORDINATION

BEVOR / NACHDEM (voir tableau, p. 99)

Ce sont des conjonctions de subordination obligatoirement suivies d'un verbe à un temps conjugué, **jamais d'un infinitif !**
Ex. : Avant de partir, il ferme la porte à clé. *Bevor er* ***weggeht, schließt*** *er die Tür ab.*

Avant de partir, elle prit son sac à main. *Bevor sie* ***wegging, nahm*** *sie ihre Handtasche.*

Après avoir mangé, il regarde la télévision. *Nachdem er gegessen* ***hat, sieht*** *er fern.* (Parfait dans la subordonnée, présent dans la principale).

Après avoir mangé, il regarda la télévision. *Nachdem er gegessen* ***hatte, sah*** *er fern.* (Plus-que-parfait dans la subordonnée, prétérit dans la principale.)

BEVOR / NACHDEM

*181 Remplacez le complément de temps par une proposition subordonnée, selon le modèle :

Nach dem Essen machten sie noch einen kleinen Spaziergang. ■ *Nachdem sie gegessen hatten,* machten sie noch einen kleinen Spaziergang.

Nach dem Frühstück gehen die Kinder in die Schule. ■ Vor dem Beginn des Spieles laufen sich die Spieler warm. ■ Vor dem Beginn der Vorstellung setzen sich alle Zuschauer auf ihren Platz. ■ Vor dem Bau der Autobahn mußten viele Leute umziehen. ■ Nach dem Sonnenuntergang wird es am Strand kühl. ■ Vor dem Spiel dieser Mannschaft glaubte keiner an einen Erfolg. ■ Nach der Eröffnung der Messe konnten wir keine Eintrittskarten mehr bekommen. ■ Nach der Arbeit freut sich jeder auf den Feierabend.

*182 Traduisez en allemand :

Avant de manger, je me lave les mains. ■ Avant d'aller chez mon ami, je lui téléphone. ■ Avant de voir ce film, j'aimerais savoir ce que tu en penses. ■ Avant de pouvoir lire ce roman, je dois faire des progrès en allemand. ■ Avant de partir en vacances, nous devons faire réparer la voiture. ■ Avant d'aller au Japon, il veut apprendre le japonais. ■ Avant de prendre le train, je prends un billet.

Après avoir lu ce roman, je pense que Böll a bien mérité le Prix

BEVOR/
NACHDEM

Nobel. ■ Après avoir vu ce film, je pense que Lang est un grand metteur en scène. ■ Après s'être déshabillé, il saute dans la piscine. ■ Après nous être lavé les dents, nous allons au lit. ■ Après avoir fait le plein, il prend l'autoroute. ■ Après avoir bu un verre de bière, les ouvriers continuent leur travail. ■ Après avoir pris mon billet, je monte dans le train.

***183 Traduisez en allemand :**
Après avoir appris la nouvelle, il en fut tout bouleversé. ■ Après avoir fermé la porte, il se rendit compte qu'il avait oublié sa clé. ■ Après avoir fait les courses, elle rentra tranquillement chez elle. ■ Après avoir mangé tout le chocolat qu'il avait trouvé dans la maison, il se sentit mal.

VOR/
BEVOR

184 Transformez les phrases suivantes selon le modèle en vous servant des verbes indiqués entre parenthèses :
Vor dem Essen wollen wir noch schnell die Großmutter anrufen. ■ *Bevor wir essen,* wollen wir noch schnell die Großmutter anrufen.

Vor Beginn der Vorstellung kann ich noch eine Zigarette rauchen. (beginnen) ■ Vor dem Anfang der Feier muß alles fertig sein. (anfangen) ■ Vor der Abfahrt wollen wir den Wagen überprüfen lassen. (abfahren) ■ Vor dem Gewitter müssen wir die Gartenstühle hereinholen. (ausbrechen) ■ Vor der Reise müssen wir die Koffer packen. (verreisen) ■ Vor Ladenschluß wird alles aufgeräumt. (schließen) ■ Vor Spielbeginn laufen sich die Spieler warm. (beginnen) ■ Vor der Meldung zur Prüfung hat er noch viel zu lernen. (sich melden)

NACH/
NACHDEM

***185 Transformez les phrases suivantes selon le modèle ci-dessous en vous servant des verbes indiqués entre parenthèses :**
Nach Sonnenuntergang wurde es schnell kühl. ■ *Nachdem die Sonne untergegangen war,* wurde es schnell kühl.

Nach seinem ersten Konzert war der junge Sänger gleich bekannt. (geben) ■ Nach ihrem ersten Auftritt im Fernsehen verkaufte sie viele Schallplatten. (auftreten) ■ Nach seinem Autounfall hatte er Angst vor dem Autofahren. (haben) ■ Nach dem Abitur in diesem Jahr will er Medizin studieren. (bestehen) ■ Nach dem Militärdienst kann er mit seinem Studium anfangen. (ableisten) ■ Nach der Operation war die Kranke noch sehr schwach. (operieren) ■ Nach der ersten Mondfahrt war die ganze Welt begeistert. (gelingen) ■ Nach dem schlimmen Unfall war ganz Amerika erschüttert. (geschehen) ■ Nach dem schrecklichen Erdbeben war ganz Mexiko City zerstört. (sich ereignen).

BEVOR / NACHDEM

***186 Reconstituez les phrases complètes en reliant une des subordonnées suivantes à l'une des énonciatives ci-dessous :**

N.B. : Les phrases doivent rester dans cet ordre (chronologique)

1. Bevor wir in die Ferien fahren... 2. Bevor wir auf die Autobahn kommen... 3. Nachdem der Tankwart vollgetankt hat... 4. Bevor wir weiterfahren... 5. Nachdem ich an der Kasse bezahlt habe... 6. Bevor wir in eine Großstadt kommen... 7. Nachdem meine Frau das Steuer übernommen hat... 8. Nachdem meine Frau zwei Stunden gefahren ist... 9. Bevor sie am Steuer einschläft... 10. Bevor es weiter geht...

a. ... setze ich mich wieder ans Steuer. b. ... prüft er den Ölstand. c. ... wird tüchtig gegessen. d. ... lassen wir den Wagen reparieren. e. ... wird sie allmählich müde. f. ... wollen wir tanken. g. ... fährt sie einen Rastplatz an. h. ... lasse ich den Luftdruck nachprüfen. i. ... halten wir an einer Raststätte. j. ... kann ich mich ausruhen.

WENN / ALS

Wenn/als

Ces deux conjonctions de subordination se traduisent en français par : **quand**, **lorsque**, mais elles ne s'emploient pas de façon équivalente en allemand.

Pour le présent et le futur, on emploie généralement *wenn* (sauf s'il s'agit d'un présent de narration).
Ex. : *Wenn er den Wecker hört, steht er auf.*

Pour le passé : on emploie *wenn* pour un fait répété, habituel. Ex. : *Wenn er mich besuchte, hatten wir immer viel zu erzählen.*

On emploie *als* pour un fait qui se situe à un moment précis dans le passé.
Ex. : *Als er kam, war ich gerade weggegangen.*
Als ich jung war, wohnte ich auf dem Land.

WENN / ALS

187 Complétez avec *wenn* ou *als* selon le cas :

... wir Zeit haben, spielen wir abends gern Karten. ■ ... er kam, war keiner mehr zu Hause. ■ Ich wollte gerade anrufen, ... es an der Tür klingelte. ■ ... meine Freundin mich besuchte, tranken wir fast immer Kaffee. ■ ... Sie gehen, machen Sie bitte das Licht aus ! ■ ... sie ihr Büro verließ, vergaß sie jedesmal, das Licht auszumachen. ■ ... gefragt wurde, wer vergessen hatte, das Licht auszumachen, kam keine Antwort. ■ ... man sie eines Tages ertappte, war sie ganz verlegen. ■ ... ich sie gestern abend im

WENN / ALS

Restaurant getroffen habe, schien sie bester Laune zu sein. ■ ... ihr Freund etwas sagte, lachte sie immer herzlich. ■ ... sie mich sah, war sie ganz erstaunt. ■ Sie bedankte sich jedesmal sehr freundlich, ... der Kellner etwas auf den Tisch stellte.

***188 Complétez avec *wenn* ou *als* selon le cas :**

... er sein Abitur bestanden hatte, ging er nach Marburg, um zu studieren. ... er in die Stadt kam, kannte er überhaupt niemanden. Er mußte sich vor allem ein Zimmer suchen. In der Zeitung hatte er einige Adressen gefunden, aber jedesmal, ... er hinkam, war das Zimmer schon vermietet. ... er fragte, wo er sich hinwenden sollte, bekam er nie eine richtige Antwort. Er wollte die Zimmersuche schon aufgeben, ... er schließlich ein kleines, aber hübsches Zimmer bei einer älteren Dame fand. Er mußte zwar durch ihr Eßzimmer gehen, ... er in sein Zimmer wollte, aber er nahm es doch. „... ich die Stadt einmal besser kenne, kann ich mir vielleicht ein anderes Zimmer suchen", dachte er. ... er aber einen Monat bei der Dame gewohnt hatte, fühlte er sich so wohl, daß er gar nicht mehr weg wollte. ... er irgendeine Schwierigkeit hatte, ging er zu seiner Wirtin, die immer wußte, was zu tun war. ... er ein paar Wochen später ein Zimmer im Studentenwohnheim angeboten bekam, wollte er es nicht annehmen.

WENN / OB

Ex. : ***Ich weiß nicht, ob*** sie kommen wollen **(interrogation indirecte)**. ***Wenn sie kommen,*** **(condition)** machen wir einen schönen Spaziergang.

WENN / OB

189 Complétez par *wenn* ou *ob,* selon le cas :

Ich werde Müllers anrufen und sie fragen, ... sie am Samstag abend zu uns kommen können. ■ ... sie Zeit haben, kommen sie bestimmt. ■ Meinst du ? Es kommt auch darauf an, ... sie einen Babysitter für ihre Kinder haben. ■ ... sie niemanden haben, können wir ja Peter fragen, ... er das nicht tun möchte. ■ Frag aber zuerst Peter, ... er damit einverstanden ist ! ■ Warum denn nicht ? ... er sonst nichts vorhat, geht er bestimmt hin. ■ Ja, ... er nichts vorhat ! Da fällt mir gerade ein, Sabine hat doch gestern angerufen, sie wollte wissen, ... Peter am Samstag mit ihr ins Kino geht. ■ Und was hat Peter dazu gesagt ? ■ Er hat gesagt, er weiß noch nicht, ... er am Samstag ausgehen kann. ... er mit seiner Arbeit fertig ist, geht er vielleicht aus. Aber dann kommt es noch darauf an, ... der Film ihn interessiert. ■ ... Sabine ihn einlädt, muß ihn der Film doch interessieren ! ■ Na ja. Aber damit wissen wir immer noch nicht, ... Peter eventuell Babysitter spielen könnte. (Das Telefon klingelt. Die Frau geht an den Apparat) ■ Du, Klaus, Müllers haben angerufen. Sie fragen, ... wir am Samstag zu ihnen kommen !"

WENN / OB

*190 Complétez avec *wenn* ou *ob* et avec les prépositions qui conviennent :

... eine Frau berufstätig ist, hat sie nicht viel Zeit... ihre Kinder. ... sie... der Arbeit kommt, muß sie sich noch... den Haushalt kümmern. Bevor sie morgens... das Warenhaus fährt, wo sie arbeitet, muß sie die Kinder... der Großmutter bringen. Da die Großmutter weit weg wohnt, muß sie... die ganze Stadt fahren. Manchmal fragt sie sich, ... es sich lohnt und... es... die Kinder gut ist, den ganzen Tag... der Oma zu verbringen. Es wäre besser, ... sie... anderen Kindern in Kontakt kämen. Zum Glück wohnt die Oma... einem großen Park, wo sie oft... den Kindern spazierengeht. Während die Großmutter gemütlich... einer Bank ... einer schattigen Tanne sitzt, laufen die Kinder... die vielen Bäume herum. Einmal hat die Oma den kleinen Jan suchen müssen : er war... einer dicken Eiche versteckt.
... dem Abendessen setzt sich die Frau... den Fernseher, ... sie nicht zu müde ist. Manchmal hat sie Lust, ihren Beruf aufzugeben, aber sie fragt sich, ... sie ohne ihren Lohn auskommen könnten. ... dem Geld, das sie nach Hause bringt, können sie sich doch so manches leisten. ... sie... das große Haus denkt, das sie sich kaufen möchten, wird ihr klar, daß sie nicht zu Hause bleiben kann. Außerdem könnte sie nicht... ihren vier Wänden bleiben.

EXERCICES DE SYNTHÈSE

*191 Complétez à l'aide des conjonctions de subordination qui conviennent :

Ich weiß noch nicht, ... ich morgen kommen kann. ■ ... ich zu dir komme, bringe ich die Kassette mit dem Film über Japan mit. ■ Weißt du, ... dieser Film über Tokio interessant ist ? ■ ... mein Vater letztes Jahr in Paris war, hat er ihn gesehen. ■ Er hat mir gesagt, ... ich den Film unbedingt sehen müsse, ... ich weiß, wie die Japaner leben. ■ ... er im Jahre 1984 in Japan war, hat er viele Japaner kennengelernt. ■ ... die Japaner in einen Tempel eintreten, ziehen sie immer ihre Schuhe aus. ■ ... ich dieses Buch über Japan gelesen habe, weiß ich jetzt, ... die Japaner besonders fleißig sind. ■ Ich möchte gern auch mal nach Japan reisen, aber ich muß warten, ... ich genug Geld habe. ■ Meine Tante fliegt im Juni nach Tokio ; ich will sie fragen, ... sie mich mitnehmen kann. ■ ... sie mich mitnehmen würde, könnte ich viel Geld sparen, ... sie dort viele Freunde hat, bei denen wir übernachten können.

*192 Complétez :

... Herr Braun feststellte, ...jemand seinen Wagen gestohlen hatte, ärgerte er sich. Er brauchte doch seinen Wagen, ... er nach Frankfurt fahren wollte. Was sollte er tun ? ■ Zuerst rief er die Polizei an und meldete, ... sein Wagen verschwunden war. Die Polizei fragte ihn, ... er sein Auto abgeschlossen hatte. ■ Ja, Herr Braun war ganz sicher, ... alle Autotüren zu waren. ■ Er mußte den Polizisten seinen Wagen genau beschreiben, ... sie

EXERCICE DE SYNTHÈSE

ihn suchen konnten. ... sie ihn gefunden haben, wollen die Polizisten Herrn Braun wieder anrufen, ... ihm Bescheid...sagen. ■ ... Herr Braun unbedingt nach Frankfurt will, muß er den Zug nehmen. ■ Er geht zum Bahnhof, ... eine Fahrkarte... kaufen. ... er auf der Straße geht, fährt ein alter blauer Opel an ihm vorbei. Jetzt hält er sogar an der Ampel. „Ja, das ist doch mein Wagen!" Herr Braun fragt sich, ...er nicht träume. Er ruft: „Haltet den Dieb!" Der Dieb hat gemerkt, ... Herr Braun den Wagen erkannt hat; er tut aber, ... er nichts gehört hätte. ... die Ampel wieder grün ist, kann er weiter fahren. Und Herr Braun kann nur noch hoffen, ... die Polizei den Dieb bald erwischt.

LA CONCESSION

Ex. : *Trotz der Kälte macht er einen Spaziergang. Obwohl es kalt ist,* macht er einen Spaziergang. Es ist kalt, *aber trotzdem* macht er einen Spaziergang.

EXERCICE DE SYNTHÈSE

*193 Transformez les phrases suivantes selon le modèle ci-dessus en vous servant, le cas échéant, des verbes indiqués entre parenthèses :

Trotz der hohen Benzinpreise fahren die Leute viel Auto. ■ Trotz der vielen Schwierigkeiten hat er seinen Plan ausgeführt. ■ Trotz der guten Ratschläge der Mutter ist das Mädchen von zu Hause weggegangen. (geben) ■ Trotz der vielen Nachhilfestunden ist der Junge nicht versetzt worden. (bekommen). ■ Trotz der schweren Arbeitsbedingungen wollen viele Ausländer in der Bundesrepublik arbeiten. ■ Trotz seiner guten Ausbildung hat er die Stelle nicht bekommen. ■ Trotz des niedrigen Dollarkurses bleibt eine Reise nach Amerika teuer. ■ Trotz ihres guten Zeugnisses hat sie die Lehrlingsstelle nicht bekommen.

LA CAUSE

*194 Transformez les phrases suivantes selon le modèle ci-dessous :

Wegen des schlechten Wetters blieb er zu Hause. ■ Er blieb zu Hause, *weil das Wetter schlecht war.* ■ Das Wetter war schlecht, *deshalb* blieb er zu Hause.

N.B. : Servez-vous des verbes indiqués entre parenthèses :
Wegen des trockenen Sommers sind die Agrarpreise gestiegen. ■ Wegen der hohen Transportkosten ist die Ware so teuer. ■ Wegen des niedrigen Dollarkurses ist das Benzin billiger geworden. ■ Wegen seiner Unvorsichtigkeit ist er vom Baum heruntergefallen. ■ Wegen des zu großen Risikos hat er auf seine Afrikareise verzichtet. ■ Wegen eines schlimmen Unfalls ist die Autobahn gesperrt. (sich ereignen) ■ Wegen einer Grippe-Epidemie fehlen viele Angestellte im Büro. (herrschen).

LA CONCESSION

*195 Transformez les groupes nominaux entre parenthèses en compléments introduits par *wegen* ou *trotz*, selon le sens :

Modèle : Die Fahrt ins Gebirge findet statt. (das Glatteis) ■ *Trotz des Glatteises* findet die Fahrt ins Gebirge statt.

Das Fußballspiel begann pünktlich (der starke Regen). ■ Der Bus mußte langsam fahren (der dichte Nebel). ■ Ich kam rechtzeitig zur Arbeit (der Verkehrsstau). ■ Das Fußballspiel wurde verlegt (das schlechte Wetter). ■ Die Vorstellung konnte nicht stattfinden (eine Strompanne). ■ Keiner kam zu spät (ein Busstreik). ■ Der Torwart wollte unbedingt spielen (eine Verletzung). ■ Er nahm die Stelle an (der geringe Lohn). ■ Das Geschäft bleibt heute ausnahmsweise geschlossen (ein Todesfall). ■ Er bekam die Stelle (seine große Erfahrung).

LA CAUSE/
LA CONCESSION

196 Transformez les phrases suivantes selon le modèle :

Wegen des schlechten Wetters geht er nicht aus. ■ Trotz des schlechten Wetters möchte er ausgehen.

Wegen einer Erkältung geht sie nicht schwimmen. ■ Wegen der hohen Steuer kann sie sich kein Auto leisten. ■ Wegen der hohen Gebühr fährt er nicht Autobahn. ■ Wegen der Heizschwierigkeiten gehen sie im Winter nicht in ihr Ferienhaus. ■ Wegen der hohen Kosten können wir diese Reise nicht machen. ■ Wegen der vielen Verwaltungsschwierigkeiten können wir das Haus nicht bauen. ■ Wegen der ständigen Verkehrsstockungen fahren wir übers Wochenende nicht weg.

EXERCICES
DE SYNTHÈSE

*197 À l'aide des éléments ci-dessous, formez des phrases cohérentes en utilisant, selon le cas *wegen* ou *trotz* (N.C.):

Ex. : ... hat er den Wagen gekauft. ■ Wegen des niedrigen Preises hat er den Wagen gekauft.

... großer Kofferraum... ■ ... teure Ersatzteile... ■ ... harte Sitze... ■ ... geringer Benzinverbrauch... ■ ... vernünftiger Preis... ■ ... zweijährige Garantie... ■ ... komische Form... ■

WÄHREND

198 Transformez les phrases suivantes selon le modèle :

Während der Arbeit dürfen wir nicht rauchen. ■ *Während wir arbeiten,* dürfen wir nicht rauchen.

Während des Essens will der Chef nicht gestört werden. ■ Während des Frühstücks liest mein Vater die Zeitung. ■ Während der Busfahrt amüsierten sich die Schüler köstlich. ■ Während unserer Wanderung brach plötzlich ein Gewitter aus. ■ Während einer Operation darf der Chirurg die Nerven nicht verlieren. ■ Während ihres Spaziergangs wurde die alte Dame von einem Taschendieb überfallen.

LA COMPARAISON

Er sieht schlecht aus, ***als ob*** *er krank wäre.* Il a mauvaise mine, comme s'il était malade.

La conjonction de subordination ***als ob*** est généralement suivie du subjonctif II (mode de l'irréel).
L'expression ***er tut, als*** ob + subj. II se traduit souvent par : il fait semblant de. . . .
Remarque : il arrive fréquemment que l'on supprime *ob.* Dans ce cas, il faut dire : *Er sieht schlecht aus, als* ***wäre*** *er krank.*

LA COMPARAISON

199 Complétez les phrases suivantes à l'aide de l'une des expressions choisie dans la liste ci-dessous :

krank sein ■ mit der Arbeit fertig sein ■ Fieber haben ■ Angst haben ■ es eilig haben ■ keine Zeit haben ■ kein Geld haben ■ Hunger haben ■

Sie ist ganz blaß, sie sieht aus, als ob. . . ■ Der kleine Junge versteckt sich hinter seinem Vater, als ob. . . ■ Das Baby schreit, als ob. . . ■ Der Kranke zittert, als ob. . . ■ Sie will schon wieder fernsehen, sie tut, als ob. . . ■ Er ist nicht sehr hilfsbereit, er tut immer, als ob. . . ■ Wenn er für etwas Geld spenden soll, tut er immer, als ob. . . ■ Man kann nie mit ihr sprechen, sie tut immer, als ob. . .

200 Même exercice, en supprimant *ob.*

201 Traduisez en allemand :

Il fait semblant d'avoir peur. ■ Elle a l'air (d'être) fatiguée. ■ J'ai l'impression qu'il est malade. *(Es ist mir, als ob. . .)* ■ Il porte toujours son vieux pantalon déchiré, comme s'il n'avait pas d'argent pour s'en acheter un autre. ■ Ne fais pas semblant de ne pas avoir entendu ! ■ Il a l'impression qu'elle n'est pas en bonne santé. ■ Ils font toujours semblant de ne pas nous voir, parce qu'ils n'ont pas envie de nous saluer.

202 Traduisez en français :

Er tut, als ob er krank wäre. ■ Er hat getan, als ob er mich nicht gesehen hätte. ■ Tu nicht so, als hättest du nicht verstanden ! ■ Rolf tut immer, als ob er alles verstünde. ■ Es war mir, als ob ich ihn schon irgendwo gesehen hätte.

JE...DESTO...

Je + comparatif + verbe à la fin de la proposition ***desto*** + comparatif + verbe en 2e position. Ex. : ***Je länger*** *du in Amerika bleiben* ***kannst, desto besser wirst*** *du dieses große Land kennenlernen.*

EXERCICES DE SYNTHÈSE

*203 Transformez les phrases selon le modèle :

Wir verbrauchen immer mehr Heizöl ; die Luft wird immer schmutziger. ■ Je mehr Heizöl wir verbrauchen, desto schmutziger wird die Luft.

Wir kaufen immer mehr Einwegflaschen ; man muß immer mehr Müll entfernen. ■ Die Zahl der Autos in der Innenstadt wird immer größer ; der Lärm wird unerträglicher. ■ Die Spül- und Waschmittel sind immer konzentrierter ; sie gefährden immer mehr das ökologische Gleichgewicht der Flüsse. ■ Die Abwässer vergiften das Flußwasser immer mehr ; die Fische sterben immer häufiger. ■ Es werden immer mehr Kernkraftwerke gebaut ; das Wasser der Flüsse wird immer wärmer. ■ Die Abgase der Industrie werden vom Wind immer weiter getrieben ; die Tannenwälder werden vom sauren Regen immer mehr bedroht.

*204 Traduire :

Plus il mange, plus il grossit. ■ Plus il ment, moins on le croit. ■ Plus il fait froid, plus on consomme de mazout. ■ Plus on travaille, plus on est fatigué. ■ Plus nous montons, plus il fait froid. ■ Plus on roule vite, plus on consomme d'essence. ■ Plus il y a de neige sur la route, plus on doit rouler lentement.

« COMME »

Sie benahmen sich ***wie*** die Wilden. ***Wie*** jeden Morgen fuhr er um acht Uhr zur Arbeit. **(Comparaison)** Er arbeitet ***wie*** ein Pferd. **(Comparaison)** Er arbeitet ***als*** Automechaniker in dieser Firma. **(en tant que...)** ***Da*** sein Wagen in der Werkstatt ist, muß er heute mit dem Bus fahren. **(Conjonction de subordination)**.

DA, ALS OU WIE ?

*205 Complétez avec *da, als* ou *wie* :

... er schon lange... Ingenieur in der Firma arbeitete, wußte er, ... alle Maschinen funktionieren. ■ ... soll ich das

DA, ALS OU WIE ?

machen? Tun Sie, ... Sie es für richtig halten! ■ Er kam... gewöhnlich zu spät. ... höflicher Gast sollte man immer rechtzeitig erscheinen. ■ ... er nicht wußte, ... das neue Gerät funktioniert, mußte er... ein Anfänger auf dem Prospekt nachschauen. ■ ... erfahrener Autofahrer sollte er das doch wissen! ■ Obwohl er noch sehr jung war, wurde er gleich... Leiter der Abteilung angestellt.

DA

***206 Trouvez au moins trois subordonnées introduites par *da* pour compléter les phrases suivantes** (N.C.) **:**

Da..., kam er zu spät. ■ Da..., mußten sie zu Hause bleiben. ■ Da..., konnten sie weiterfahren. ■ Da..., muß sie während der Ferien jobben. ■ Da..., hat er sich erkältet. ■ Da..., kann sie keine Arbeit finden.

EXERCICE DE SYNTHÈSE

***207 Complétez avec *da, als* ou *wie* :**

... es in seiner Heimat nicht genug Arbeit für alle gab, ist der junge Italiener... viele seiner Landsleute nach Deutschland ausgewandert. Nun arbeitet er im Ruhrgebiet... Maurer in einer großen Baufirma. ... die meisten Gastarbeiter ist er sehr fleißig und wird von seinem Chef... zuverlässiger Arbeiter betrachtet. ... er Überstunden macht, kann er seiner Familie regelmäßig Geld schicken, ... er es versprochen hatte. In Deutschland ist zwar nicht alles, ... er es sich vorgestellt hatte, aber er wird... Ausländer von seinen Arbeitskameraden gut behandelt. Natürlich gibt es auch einige Deutsche, die ihn... einen Fremden behandeln, mit dem man nicht so gern verkehrt. ... er nun eine Wohnung gefunden hat, kann er seine Familie aus Italien kommen lassen, und er wird ein normales Familienleben führen... seine deutschen Kollegen.

5. LA PROPOSITION INFINITIVE

L'infinitif complément est généralement précédé de **zu**. Ex. : *Sie scheint müde **zu** sein.*
Il n'est pas **précédé** de ***zu*** quand il complète :
— un verbe de modalité. Ex. : Er ***muß*** *jetzt* ***gehen.***
— les verbes ***sehen, hören, helfen, lehren, lernen, lassen...*** Ex. : ***Hörst*** *du sie* ***schreien?*** *Das Kind* ***lernt*** *gerade* ***schwimmen.***

« Pour » + infinitif
Lorsque le sujet de la proposition principale et celui de la subordonnée infinitive sont différents, on ne peut pas employer ***um... zu...*** + infinitif, il faut utiliser ***damit*** + un verbe à un temps conjugué. Ex. : *Er fährt nach Deutschland,* ***um*** *Deutsch* ***zu*** *lernen.*
Seine Eltern schicken ihn nach Deutschland, ***damit er*** Deutsch ***lernt.***

Double infinitif dans la subordonnée
Ce n'est pas l'auxiliaire ***haben*** qui occupe la dernière place, mais l'auxiliaire de mode.
Ex. : *Ich weiß, daß er nicht hat kommen* ***wollen.***

LA PROPOSITION INFINITIVE

208

Transformez les phrases selon le modèle :
Darfst du auf der Straße spielen? ■ Nein, es ist verboten, auf der Straße zu spielen.

Darfst du auf dem Rasen Fußball spielen? ■ Darfst du zwischen den Hochhäusern radfahren? ■ Darfst du auf dem Trottoir Rollschuh laufen? ■ Darfst du dein Moped vor der Haustür waschen? ■ Darfst du in der Wohnung Trompete spielen?

209

Transformez les phrases selon le modèle :
Darfst du abends auf den Spielplatz gehen? ■ Nein, meine Eltern lassen mich nicht abends auf den Spielplatz gehen.

Darfst du allein ausgehen? ■ Darfst du sonntags bis Mittag schlafen? ■ Darfst du in den Ferien per Anhalter nach Griechenland reisen? ■ Darfst du bis zwei Uhr früh in die Diskothek gehen? ■ Darfst du in deinem Zimmer die Musik laut stellen?

210

Répondez aux questions suivantes selon le modèle :
Kommst du am Sonntag? ■ Nein, *ich habe keine Lust,* am Sonntag *zu* kommen.

Gehst du am Samstag ins Schwimmbad? Nein, ich habe keine Lust, ... ■ Fährst du in den Sommerferien nach Italien? Nein, ich habe nicht vor, ... ■ Kommst du am Sonntag mit? Nein, ich habe keine Lust, ... ■ Kaufst du heute abend ein? Nein, ich habe keine

LA PROPOSITION INFINITIVE

Zeit, ... ■ Bringst du die Wäsche zur Reinigung? Nein, ich habe keine Zeit, ... ■ Gehst du übers Wochenende zum Skilaufen? Nein, ich habe keine Lust, ... ■ Räumst du den Keller auf? Nein, ich habe keine Zeit, ... ■ Machst du dieses Jahr endlich den Führerschein? Ja, ich habe mir vorgenommen, ... ■ Machen deine Eltern wirklich eine Weltreise? Ja, sie haben sich vorgenommen, ... ■

*211 Infinitif avec ou sans *zu?* Complétez les phrases suivantes en ajoutant *zu* le cas échéant :

Er scheint... (krank sein) ■ Sie hofft... (kommen können) ■ Er möchte... (uns begleiten) ■ Ich glaube... (ihn kennen) ■ Wir hören... (das Radio spielen) ■ Wir haben vor... (eine große Reise um die Welt machen) ■ Er schlägt vor... (jetzt Schluß machen) ■ Sie läßt sich... (die Haare schneiden) ■ Er versucht... (das Problem verstehen) ■ Sie wollen... (am Projekt beteiligt sein) ■ Ich habe keine Lust... (bei diesem Wetter ausgehen) ■ Ich möchte am liebsten... (zu Hause bleiben) ■ Siehst du... (die Kinder spielen)? ■ Hilf der Kleinen... (die Tür aufmachen)! ■ Sie haben mir angeboten... (ein Geschäft mit aufmachen) ■ Der Direktor läßt... (den Personalchef rufen) ■ Er will... (sich mit ihm unterhalten) ■ Sie wünscht... (am Experiment teilnehmen) ■ Glauben Sie... (das machen können)? ■ Er denkt... (morgen kommen können) ■ Es fing an... (in Strömen regnen) ■ Du mußt... (noch schnell zum Bäcker gehen) ■ Wir hatten noch keine Zeit... (den Film sehen).

UM... ZU... + INFINITIF

212 Répondez aux questions suivantes selon le modèle :

Wozu braucht man eine Waschmaschine? (Wäsche waschen) ■ Man braucht eine Waschmaschine, *um* die Wäsche *zu* waschen.

Wozu braucht man einen Geschirrspüler? (Geschirr spülen) ■ Wozu braucht man eine Kaffeemühle? (Kaffee mahlen) ■ Wozu braucht man ein Bügeleisen? (Wäsche bügeln) ■ Wozu braucht man einen Backofen? (Kuchen backen) ■ Wozu braucht man einen Bohrer? (Löcher in die Wand bohren) ■ Wozu braucht man einen Wecker? (morgens wach werden) ■ Wozu braucht man einen Videorecorder? (Filme auf Kassetten aufnehmen) ■ Wozu braucht man einen Computer? (rechnen und spielen)

213 Transformez les phrases suivantes selon le modèle :

Er beeilt sich; er will nicht zu spät kommen. ■ Er beeilt sich, *um* nicht zu spät *zu* kommen.

Sie kaufen alles ein; sie wollen ein großes Essen machen. ■ Sie treffen sich heute abend; sie wollen den Saal vorbereiten. ■ Sie stellt den Wecker; sie will nicht verschlafen. ■ Sie beeilen sich; sie wollen den Bus nicht verpassen. ■ Ich habe kein Kleingeld; ich will eine Fahrkarte kaufen. ■ Er bereitet alles vor; er will morgen

UM... ZU... + INFINITIF

verreisen. ■ Sie bringen den Wagen in die Werkstatt ; sie wollen ihn reparieren lassen. ■ Ich merke mir alles, was er sagt ; ich will es zu Hause nachmachen können. ■ Ich rufe Sie morgen an ; ich will die Sache mit Ihnen besprechen.

DAMIT + INFINITIF

214 Complétez les phrases suivantes en employant *damit :*

Bring den Wagen zum Automechaniker (ihn reparieren). ■ Mach das Fenster auf (frische Luft hereinkommen). ■ Ruf den Arzt (das Kind untersuchen). ■ Hol mir die Zeitung (nachsehen können, wann die Kinovorstellung anfängt). ■ Mach die Tür zu (nicht kalt werden). ■ Sprich lauter (dich hören können). ■ Lauf nicht so schnell (die Kinder mitkommen). ■ Leg den Zettel mitten auf den Tisch (Vater ihn sehen). ■ Gib mir deine Telefonnummer (dich anrufen können).

DAMIT OU UM... ZU ?

*215 *damit / um zu ?* Traduisez les phrases suivantes :

Les travailleurs immigrés quittent leur pays pour gagner plus d'argent. ■ Le gouvernement les a fait venir pour travailler dans les usines et sur les chantiers. ■ Ils travaillent souvent dix heures par jour pour pouvoir envoyer beaucoup d'argent à leur famille. ■ Ils acceptent les emplois les plus dangereux pour ne pas être au chômage. ■ Certains pays industrialisés leur offrent une grosse prime pour qu'ils rentrent chez eux. ■ Les enfants préfèrent souvent rester en Allemagne pour ne pas être obligés de vivre dans un pays dont ils connaissent à peine la langue.

*216 Traduisez les phrases suivantes :

En été, beaucoup d'élèves français passent plusieurs semaines en Angleterre pour apprendre l'anglais. ■ Les parents dépensent parfois beaucoup d'argent pour que leur fils ou leur fille apprenne l'anglais. ■ Il m'a fallu beaucoup de temps pour apprendre le japonais, mon professeur s'est donné du mal pour me faire faire des progrès (= pour que je fasse des progrès).

INFINITIF + OHNE... ZU...

217 Infinitif + *ohne... zu...* Transformez les phrases suivantes selon le modèle :

Er antwortete sofort ; er zögerte nicht. ■ Er antwortete sofort, *ohne zu* zögern.

Er verdient viel Geld, er arbeitet nicht viel. ■ Der begabte Schüler bekommt gute Noten, er strengt sich nicht an. ■ Die Kinder stellen die Musik sehr laut, sie denken nicht an die Nachbarn. ■ Sie lärmen immer weiter, sie hören nicht auf ihre Mutter. ■ Sie sagte gleich zu, sie überlegte es sich nicht lange. ■ Der eilige Autofahrer raste durch das Dorf, er kümmerte sich nicht um die Geschwindigkeitsbegrenzung. ■ Manche Schüler sitzen da, sie verstehen kein Wort.

ANSTATT... ZU... + INFINITIF

218 *anstatt... zu...* + infinitif. Transformez les phrases suivantes selon le modèle :

Ich bleibe in der Stadt, ich will nicht aufs Land ziehen. ■ Ich bleibe in der Stadt, *anstatt (statt)* aufs Land *zu* ziehen.

Ich gehe zu Fuß, ich will den Bus nicht nehmen. ■ Der Junge lernt allein Tennis spielen, er will keine Stunden nehmen. ■ Er bleibt am Sonntag zu Hause, er will nicht Ski laufen. ■ Gehen Sie an die frische Luft und nehmen Sie keine Kopfschmerztabletten! ■ Ruhen Sie sich ein paar Minuten aus und laufen Sie nicht ständig so herum! ■ Sie geht arbeiten, sie will nicht den ganzen Tag in ihren vier Wänden bleiben. ■ Er geht ins Kino, er will nicht schon wieder fernsehen. ■ Sie sparen ihr Geld, sie fahren nicht in Urlaub. ■ Wir warten noch ein paar Tage, wir wollen den Arzt nicht gleich rufen.

LE DOUBLE INFINITIF

219 Transformez les phrases suivantes selon le modèle :

Du hättest das besser machen können. ■ Ja, ich weiß, daß ich das besser *hätte machen können.*

Er hätte schon gestern kommen können. Ja, ich meine auch, daß... ■ Er hätte fliegen sollen. Ja, ich meine auch, daß... ■ Ohne seine Hilfe hätte ich das Problem nie lösen können. Ich bin sicher, daß... ■ Er hätte das große Los gewinnen können. Er meint, daß... ■ Du hättest früher aufstehen müssen. Ich glaube, daß... ■ In so einer Wohnung hätte sie niemals leben können. Ich kann verstehen, daß... ■ In dieser Lage hätte er nicht anders handeln können. Ich frage mich, ob...

*220 Répondez aux questions suivantes, selon le modèle :

Hat er seine Prüfung bestanden? ■ Nein, aber ich meine, daß er sie *hätte bestehen können.*

Ist er nun endlich umgezogen? Nein, aber ich denke, daß... (sollen) ■ Hat sie das Buch zu Ende gelesen? Nein, aber ich meine, daß... (sollen) ■ Haben die Franzosen das Spiel gewonnen? Nein, aber in der Zeitung steht, daß... (können) ■ Haben die Kinder ihre Großeltern besucht? Nein, aber ich habe ihnen gesagt, daß... (sollen) ■ Hat sich der Junge nun die Haare schneiden lassen? Nein, aber sein Vater meint, daß... (sollen) ■ Ist sie nun endlich zu einem Spezialisten gegangen? Nein, aber ich habe ihr gesagt, ... (sollen) ■ Haben sie ihr Wochenendhaus versichert? Nein, aber ein Fachmann hat ihnen gesagt, ... (sollen).

*221 Traduisez en allemand :

Si j'avais pu venir, je serais venu. ■ Si tu n'avais pas su faire ton exercice, ton frère t'aurait aidé. ■ S'il avait pu rendre visite à sa grand-mère à l'hôpital, elle aurait été contente. ■ Si nous avions pu passer chez toi, nous t'aurions apporté le livre dont tu as absolument besoin pour faire ton devoir de français.

LE DOUBLE INFINITIF

***222** **Transformez les phrases obtenues en supprimant *wenn* :**
Ex. : Hätte ich kommen können, so...

***223** **Traduisez en commençant les subordonnées par la conjonction *da* :**
Comme elle n'avait pas pu terminer son travail, elle n'a pas pu sortir. ■ Comme le meilleur joueur de l'équipe n'avait pas pu jouer, ils avaient perdu le match. ■ Comme on n'avait pas pu dégager le terrain enneigé, le match n'a pas eu lieu. ■ Comme il n'avait pas pu réparer la voiture à temps, ils ont pris le train.

EXERCICE DE SYNTHÈSE

***224** **Formez des phrases en reliant les propositions principales suivantes aux propositions subordonnées ci-dessous :**
1. Er muß zum Arzt... **2.** Der Arzt verschreibt ihm eine Medizin... **3.** Er braucht ein ärztliches Attest... **4.** Er muß zu Hause bleiben... **5.** Der Apotheker gibt ihm Saft... **6.** Die Mutter holt die Medizin... **7.** Er nimmt gleich seine Tabletten... **8.** Er stellt das Telefon ab...

a. ... damit sein Husten vergeht. **b.** ... um ruhig schlafen zu können. **c.** ... um sich untersuchen zu lassen. **d.** ... um schneller gesund zu werden. **e.** ... damit er wieder gesund wird. **f.** ... damit er nicht aus dem Haus zu gehen braucht. **g.** ... damit der Sportlehrer ihn vom Unterricht befreit. **h.** ... um sich nicht noch mehr zu erkälten.

6. LES COMPLÉMENTS DE TEMPS

1. Introduits par *um*
Ex. : *Um wieviel Uhr können Sie kommen? Ich komme **um** halb drei.*

2. Introduits par *an* + datif :
— date.
Ex. : *Er ist am dritten Mai geboren.*
— jour.
Ex. : *Am Sonntag sind alle Geschäfte geschlossen.*
— moment de la journée :
Ex. : *Am Nachmittag gehen wir in die Stadt.* Exception : *in der Nacht.*

3. Introduits par *in* + datif :
— mois.
Ex. : *im Januar, im April*
— année.
Ex. : *im Jahre 1988* (ou simplement : 1988)
— saison.
Ex. : *im Winter, im Sommer.*

4. Compléments de temps à l'accusatif :
— date du jour.
Ex. : *Heute haben wir Dienstag, **den** 18. Juni.* Mais : *er ist **am** 15. März gekommen*
— repère dans le temps.
Ex. : *letzte Woche, nächsten Montag, voriges Jahr, jeden Monat...*
— durée.
Ex. : *den ganzen Nachmittag, eine halbe Stunde lang...*

5. Compléments de temps au génitif :
— vague, indéterminé :
eines Tages, eines Abends...
Introduit par : — während.
Ex. : *Während des letzten Weltkrieges war B. Brecht in Amerika.*

6. Adverbes indiquant la répétition, l'habitude :
Ex. : *morgens, sonntags, nachts...*

7. Autres compléments de temps introduits par des prépositions :
— *vor* + datif.
Ex. : *Vor einer Woche :* il y a une semaine.
— *seit* + datif.
Ex. : *Seit drei Tagen ist er krank :* il est malade **depuis** trois jours.
— *in* + datif.
Ex. : *In 14 Tagen kommt er zurück,* il reviendra **dans 15** jours.
— *von... bis zu.*
Ex. : *Vom ersten bis zum 25. Juli ist er verreist :* il est parti en voyage du 1er au 25 juillet.
— *nach* (+ Datif).
Ex. : *Nach dem Winter kommt der Frühling.*

LES COMPLÉMENTS DE TEMPS

225 **Complétez le tableau suivant en remplissant les rubriques qui conviennent** (N.C.) :

	an	in	adverbe
Modèle : Donnerstag Winter	am Donnerstag	im Winter	donnerstags
Montag Frühling Januar Vormittag Mai Sonntag Abend Nacht Sommer Nachmittag			

***226** **Traduisez en écrivant les chiffres en toutes lettres :**
Aujourd'hui, nous sommes le... ■ Je suis né(e) le.... J'ai... ans. ■ Après-demain, j'irai peut-être au cinéma. ■ Avant-hier, il faisait plus beau qu'hier. ■ Nous avons travaillé de huit heures et quart à neuf heures moins le quart et de dix heures et demie à midi moins dix. ■ La nuit, tous les chats sont gris. ■ En mai il ne fait pas aussi froid qu'en mars. ■ En hiver, il fait parfois très froid et il neige souvent. ■ Il y a huit jours, j'ai rencontré mon ancien professeur au concert. ■ Il va à l'opéra tous les samedis. ■ Dans quinze jours, il partira pour Rome en avion. ■ Depuis trois jours, Pierre est au lit, car il est très malade. ■ Goethe est né à Francfort en 1749. ■ Pendant les vacances, nous étions à la mer. ■ Nous sommes restés à Kiel du seize juillet au trois août. ■ Quand je travaille toute la journée, je suis très fatigué le soir. ■ Ce matin, je me suis levé plus tôt que d'habitude pour ne pas arriver en retard au bureau. ■ L'année prochaine, je partirai peut-être aux États-Unis. ■ Demain en huit, je te rapporterai ce livre. ■ Après être restés à table pendant deux heures, les invités firent une petite promenade dans le parc.

7. LA NOTION DE QUANTITÉ

genug - ziemlich ■ *viel - sehr* ■ *erst - nur*

Ex. : *Hast du **genug** gegessen?* (assez, suffisamment) ■ *Jetzt mußt du aber nach Hause gehen, es ist schon **ziemlich** spät.* (assez, passablement). ■ *Er ißt immer **viel**.* (beaucoup, quantité mesurable) ■ *Der Kranke leidet **sehr**.* (beaucoup, intensité d'un sentiment ou d'une sensation). ■ *Das Kind ist **erst** fünf Jahre alt und kann schon lesen.* L'enfant **n'a que** cinq ans... (situation dans le temps). ■ *Ich habe nicht genug Geld bei mir, ich habe **nur** fünf DMark.* Je **n'ai que** cinq Mark... (quantité).

LA NOTION DE QUANTITÉ

*227 Traduisez :

Ses parents ne veulent pas la laisser sortir le soir, elle n'a que 14 ans. ■ Elle a l'air assez âgée. ■ Ils ont beaucoup voyagé, ils ont vu beaucoup de pays. ■ Elle a beaucoup souffert pendant sa maladie.

*228 Traduisez :

Il n'est que six heures, en me dépêchant, j'aurai assez de temps pour faire les courses avant la fermeture des magasins. ■ J'ai pas mal de choses à acheter, pourvu que j'aie assez d'argent sur moi ! ■ Ce soir, nous ne serons qu'à deux, il ne nous faudra pas grand'chose.

EXERCICE DE SYNTHÈSE

229 Reconstituez les phrases en associant à chacun des éléments suivants un complément choisi dans la liste ci-dessous :

1. Ich kann das Buch nicht kaufen, ... **2.** Jetzt reicht's für heute, ... **3.** Obwohl er einen schnellen Wagen hat, ... **4.** Der neue Wagen hat viel Geld gekostet, ... **5.** Sie darf nicht in die Disco, ... **6.** Trink nicht so viel Alkohol, ... **7.** Der Wagen sieht noch recht gut aus, ... **8.** Sie fährt sehr sicher, ... **9.** Er hat sich sehr angestrengt, ... **10.** Das Haus sieht schäbig aus, ...

a. ... denn sie ist erst 14 Jahre alt. **b.** ... es muß schon ziemlich alt sein. **c.** ...ich habe nämlich nur 5 DM. **d.**...wenn du noch Auto fahren willst! **e.** ... du hast genug gearbeitet. **f.** ...und dabei hat sie ihren Führerschein erst seit einem Monat. **g.** ... dauert die Fahrt doch ziemlich lange. **h.** ... und doch hat er nicht genug Punkte, um versetzt zu werden. **i.** ... dafür ist er auch sehr schön und sehr bequem. **j.** ... obwohl er schon ziemlich alt ist.

8. LES PRÉPOSITIONS

1. Toujours suivies de l'accusatif :
durch - für - gegen - ohne - um.
Ex. : *Der Bus fährt* ***durch die*** *Stadt. Die Kinder rennen* ***um das*** *Haus.*

2. Toujours suivies du datif :
aus - bei - mit - nach - seit - von - zu.
Ex. : *Er kommt* ***aus dem*** *Kino. Sie geht* ***zu ihrer*** *Großmutter.*

3. Suivies tantôt du datif, tantôt de l'accusatif :
in - an - auf - vor - hinter - über - unter - neben - zwischen.
On emploie le datif lorsque le complément introduit par la préposition est un locatif, c.-à-d. un complément de lieu répondant à la question *Wo ?*
Ex. : ***Wo*** *wohnen Sie? Ich wohne* ***auf dem*** *Land.*

On emploie l'accusatif lorsque le complément introduit par la préposition est un « directif », c.-à-d. un complément de lieu répondant à la question *Wohin ?*
Ex. ***Wohin*** *gehen die Wanderer? Sie gehen* ***in den*** *Wald.*

4. Toujours suivies du génitif :
anstatt (statt) - außerhalb - innerhalb - oberhalb - unterhalb - längs - trotz - diesseits - jenseits - während - wegen.
Ex. : ***Trotz des*** *schlechten Wetters gehen wir spazieren. Frankreich liegt* ***diesseits des*** *Rheins, Deutschland liegt* ***jenseits des*** *Rheins.*

PRÉPOSITION + DATIF

230 Cochez parmi les quatre solutions proposées celle qui convient :

1. Die achtzehnjährige Petra will nicht mehr ☐ an ☐ bei ☐ zu ☐ von ihren Eltern wohnen.
2. Sie hat es satt, ☐ zu ☐ bei ☐ in ☐ auf dem Land zu wohnen.
3. Sie träumt ☐ von ☐ an ☐ für ☐ zu einer eigenen Wohnung.
4. Nächste Woche fährt sie ☐ bei ☐ zu ☐ mit ☐ nach dem Zug in die Großstadt, um sich ein Zimmer zu suchen.
5. Vielleicht bekommt sie ein wenig Geld ☐ seit ☐ bei ☐ aus ☐ von ihren Großeltern.
6. Im Sommer war sie zwei Wochen ☐ bei ☐ zu ☐ von ☐ seit ihren Großeltern.
7. Sie fährt gern ☐ nach ☐ bei ☐ von ☐ zu ihnen, weil sie immer sehr nett sind.
8. Es gefällt ihr ☐ an ☐ von ☐ zu ☐ bei ihnen, weil sie ein schönes Haus haben.
9. ☐ Seit ☐ von ☐ aus ☐ für vierzig Jahren wohnen die Großeltern da ☐ an ☐ bei ☐ in ☐ auf diesem hübschen Haus.

DIRECTIF/ LOCATIF

231 Exercice d'entraînement (N.C.) :

Wohin geht Matthias ? Er geht *in die* Schule. ■ ... Stadt. ■ ... Garten. ■ ... Kino. ■ ... Park. ■ ... Keller. ■ ... Küche. ■ ... Wald. ■ ... Wohnzimmer. ■ ... Schwimmbad. ■ ... Hof.

232 Reprenez les mêmes exemples en répondant à la question (N.C.) :

Wo ist Matthias ? Er ist *in der* Schule...

233 Complétez :

Gestern nachmittag fuhren Herr und Frau Keller in d... Stadt. ■ Als sie in d... Stadtmitte waren, fanden sie keinen Parkplatz. ■ Sie mußten in ein... Tiefgarage fahren. ■ In d... Tiefgarage fanden sie endlich einen Platz. ■ „Wo ist denn meine Handtasche ?" fragte Frau Keller plötzlich. „Ich hatte sie doch auf d... Hintersitz gelegt !" ■ „Nein, ich glaube, du hast sie auf d... Küchentisch liegen lassen", sagte ihr Mann. „Aber ich habe ja Geld in mein... Brieftasche." ■ „Dann können wir ja in... Einkaufszentrum gehen, ich möchte gern eine Tasse Tee trinken." ■ „Na gut, gehen wir also in ein... Konditorei, obwohl ich lieber in ein... Gaststätte möchte, um ein Glas Bier zu trinken." ■ „Gehen wir doch in... Café dort drüben, da kann man Bier, Wein, oder Kaffee und Tee trinken."

234 Complétez par la préposition qui convient :

Morgen bleibe ich den ganzen Tag... Hause. ■ Nach der Schule geht sie immer gleich... Hause. ■ Am Sonntag wollen wir... unseren Freunden fahren. ■ Wir verbringen das Wochenende... ihnen. ■ Nächstes Jahr fahre ich vielleicht... Köln. ■ Mein Bruder hat letzten Sommer zwei Wochen... Deutschland verbracht. ■ Ihre Großeltern wohnen... dem Land. ■ Im Juli fahren wir... Meer und im August... die Alpen. ■ Kommen Sie... Fuß oder... dem Rad ins Büro ? ■ Peter geht manchmal ... Theater, aber eigentlich geht er lieber... Kino. ■ Wenn man... zwei Stühlen sitzt, kann man... den Boden fallen. ■ „Das Telefon klingelt. Geh mal... den Apparat und frage, wer dort ist !" ■ „Stell die alten Sachen... den Speicher, denn hier... der Wohnung ist kein Platz mehr !" ■ „Wo sind denn die Kinder ? Hörst du sie nicht ? Sie spielen draußen... dem Hof."

EXERCICE DE SYNTHÈSE

*235 Complétez par la préposition qui convient :

Dracula ■ Draculas Schloß liegt in d... Karpaten, nicht weit von Bistritz, ein... alt... Stadt in Ungarn. Jeden Tag fährt eine Kutsche (carrosse) ... drei Uhr nachmittags von Bistritz hinauf zu ein... Paß (col), der etwa 400 Meter über d... Meeresspiegel liegt. An dies... Ort holt eine Kutsche d... Graf... den Reisend... ab und setzt (dépose) ihn... Mitternacht i... Schloß ab. Das Schloß steht a... Rand ein... tief... Abgrund... (précipice) und ist von all... Seit... so stark befestigt (fortifié), daß man es nicht erobern kann. Aus sein... Fenster... blickt man in ein tief... Tal und sieht in d... Ferne hohe Bergspitzen. Die Kapelle ist von einig... Interesse, denn sie enthält Särge (cercueils) von d... Grafen und einig... Mitglieder ... (membres) sein... Familie. In dies... Särg... ruhen die Vampire tagsüber und auch nachts passieren in dies... unheimlich... Kapelle seltsam... Ding...

PRÉPOSITIONS + ACCUSATIF

*236 Complétez :

Für w... ist das Geschenk? Für d... Chef, der heute Abschied feiert. Und für d... hast du ein Geschenk gekauft? Du warst doch immer gegen i... und hast alles kritisiert, was er für d... Firma vorschlug! Ja, schon, aber weißt du, ohne ein klein... Geschenk kann man ihn doch nicht gehen lassen. Und ich habe gehört, er habe vor, eine schöne Abschiedsfeier zu organisieren. Er soll sogar Sekt für d... Feier bestellt haben. Woher willst du das wissen? Ich habe es durch ein... Angestellt... des Geschäftes erfahren, bei dem er seine Bestellung aufgegeben hat und das sich um d... Getränke und d... Büffet kümmert. Und ich habe auch gesehen, daß der Saal oben schon für d... Feier eingerichtet ist. Um d... groß... Tisch stehen Stühle und Sessel, die kleinen Tische haben sie gegen d... Wand gerückt, damit es für all... Gäste Platz gibt. Nun, wenn das so ist, muß ich schnell nach Hause, um mich für d... Abend umzuziehen.

237 Complétez avec les prépositions qui conviennent :

Die Demonstranten revoltieren... den Tyrannen. ■ Sie kämpfen... die Freiheit ihres Volkes, aber... Waffen. ■ Sie haben es satt, ... Freiheit leben zu müssen. ■ Sie kämpfen... die Diktatur und... eine demokratische Regierung.

*238 Complétez :

Friedensbewegung ■ Am Ostersonntag demonstrierten die Anhänger der Friedensbewegung gegen d... Stationierung der Pershing-Raketen in der BRD. Es sind hauptsächlich junge Leute, die um d... Frieden und d... Abrüstung kämpfen. Sie meinen, es hätte keinen Sinn, durch d... viel... Waffen den Frieden sichern zu wollen. Ihrer Meinung nach sollten die Völker ohne d... gefährlich... Waffen in Ruhe leben. Die Regierung meint aber, ohne d... Schutz der Waffen sei die Bevölkerung bedroht durch d... sowjetisch... Raketen, die unter anderm in der DDR stationiert sind. Am Schluß der Demonstration nahmen sich alle Teilnehmer bei den Händen und bildeten eine große Menschenkette um d... Sitz des Bundestags.

9. VILLES ET PAYS

Noms de pays
En règle générale, ils ne sont pas précédés d'un article.
Ex. : *Deutschland, Frankreich, England, Italien, Spanien, Jugoslawien...*

Exceptions : *die Schweiz - die Türkei - die Tschechoslowakei - die Bundesrepublik Deutschland (BRD) - die Deutsche Demokratische Republik (DDR) - die Sowjetunion (die UdSSR) - die Niederlande - die Vereinigten Staaten von Amerika* (plus couramment : *die USA*)

Rappel :
Wo wohnst du? ***in*** *Frankreich,* ***in der*** *Schweiz*
Wohin gehst du? ***nach*** *Frankreich,* ***in die*** *DDR*
Woher kommst du? ***aus*** *Frankreich,* ***aus der*** *Türkei*

Noms de villes
Pour les noms de villes, on applique la même règle que pour les noms de pays sans article.
Ex. : *Mein Deutschlehrer wohnt* ***in*** *Toulouse. Nächste Woche fährt er* ***nach*** *Berlin.*

VILLES ET PAYS

239 **Situez sur une carte d'Europe et du Bassin méditerranéen les pays suivants et leurs capitales** (N.C.) **:**
Frankreich - Italien - Griechenland - Jugoslawien - Spanien - Portugal - Großbritannien (England) - Nordirland - Belgien - Luxemburg - Österreich - Polen - Dänemark - Schweden - Norwegen - Finnland - Algerien - Tunesien - Marokko - die BRD - die DDR - die Schweiz - die Tschechoslowakei - die Türkei - die Niederlande (Holland) - die Sowjetunion.

240 **Répondez aux questions suivantes (en vous servant des indications portées sur la carte)** (N.C.) **:**
Ex. : Woher kommen die Franzosen? Die Franzosen kommen *aus* Frankreich. ■ Woher kommen die Türken? Die Türken kommen aus *der* Türkei.

Woher kommen die Italiener? - die Spanier? - die Russen? - die Griechen? - die Belgier? - die Tschechen? - die Polen? ■ Woher kommen die Portugiesen? - die Marokkaner? - die Schweden? - die Deutschen? - die Holländer? - die Österreicher? - die Schweizer?

VILLES ET PAYS

241 Répondez aux questions suivantes (en vous servant des indications portées sur la carte) (N.C.) :

Ex. : Wo wohnen die Engländer? Die Engländer wohnen *in* England. ■ Wo wohnen die Schweizer? Die Schweizer wohnen in *der* Schweiz.

Wo wohnen die Franzosen? die Algerier? die Slowaken? die Deutschen? die Türken? die Griechen? die Dänen? die Norweger? die Italiener? die Sowjetrussen? die Holländer?

242 Complétez les phrases suivantes :

In den Ferien reisen die Deutschen gern... Italien oder... Griechenland. ■ Ich muß... Deutschland fahren, wenn ich besser Deutsch sprechen will. ■ Wenn man... Tschechoslowakei reisen will, braucht man ein Visum. ■ Ich möchte einmal... Spanien oder... Portugal fahren. ■ In den Ferien fahren viele Gastarbeiter... Türkei zurück. ■ Viele arme Türken träumen davon, ... Bundesrepublik Deutschland zu gehen, um Arbeit zu finden. ■ Die Deutschen kommen gern... Frankreich, um gut zu essen. ■ Wenn Sie guten Tee trinken wollen, müssen Sie... England fahren. ■ Heutzutage braucht man nicht mehr... Schweiz zu fahren, um gute Schokolade zu finden. ■ Nächstes Jahr machen wir eine Studienfahrt... Deutsche Demokratische Republik. ■ Die meisten Touristen fahren gern... Tunesien oder... Marokko, weil es dort so schön warm ist. ■ Fahren Sie doch einmal... Norwegen oder... Schweden, wo es herrliche Landschaften zu sehen gibt!

243 Faites des phrases selon le modèle donné (servez-vous du vocabulaire ci-dessous) (N.C.) :

Ex. : Die Franzosen sprechen *Französisch.* ■ Die *französische* Hauptstadt heißt Paris.

der Franzose (n) französisch ■ der Engländer (-) englisch ■
der Grieche (n) griechisch ■ der Italiener (-) italienisch ■
der Türke (n) türkisch ■ der Pole (n) polnisch ■
der Spanier (-) spanisch ■ der Portugiese (n) portugiesisch.

244 Complétez :

Wohin möchtest du in den Ferien fahren? ... Spanien? ... Italien? ... Schweiz? oder... Deutschland? ■ Am liebsten möchte ich weit weg fahren, ... Amerika oder... Afrika, aber die Reise ist mir zu teuer. ■ Außerdem sollten sich meine Deutschkenntnisse bessern, so werde ich also... Deutschland fahren, aber nicht... BRD, wo ich schon mehrmals war, sondern ... DDR, die ich gern kennenlernen möchte. ■ Herr Klotz kennt viele Länder. Er war schon... Portugal, ... China, ... Türkei, ... Brasilien, ... Sowjetunion, ... Tschechoslowakei, ... USA und... Liechtenstein. Nur... Albanien war er noch nicht. ■ Ich frage mich, woher dieser Gastarbeiter kommt. Vielleicht...

VILLES ET PAYS

Marokko, ... Tunesien oder... Algerien. Aber er könnte auch... Türkei, ... Griechenland oder... Süditalien stammen. ■ Wenn man Englisch sprechen will, fährt man am besten... England oder... Vereinigten Staaten von Amerika. Aber auch... Kanada wird Englisch gesprochen.

*245 Complétez :

Ein Franzose in Deutschland ■ Obwohl Patrick erst eine Woche in D... ist, spricht er schon gut D... Er hat zwar einen leichten f... Akzent, aber trotzdem versteht ihn sein d... Freund gut. In F... hat er nur selten Gelegenheit, einen d... Film zu sehen oder eine d... Zeitung zu kaufen, aber in seinen d... Schulbüchern findet er manchmal Auszüge aus der d... Presse. In der Schule lernt Patrick auch E... und I.... Als er letztes Jahr mit seinen f... Schulkameraden in E... war, hat er zwar die e... Lebensgewohnheiten kennengelernt, aber nicht viele Fortschritte in der e... Sprache gemacht, denn er hat zu oft mit seinen Kameraden F... gesprochen. Der f... Lehrer und die e... Lehrerin haben den f... Schülern wohl gesagt, sie sollten nicht immer unter F... bleiben, aber das war nicht so einfach.
Nächstes Jahr möchte Patrick allein... Italien reisen, um die I... besser kennenzulernen. Am liebsten möchte er einen jungen I... kennenlernen, mit dem er die schönen i... Städte besichtigen und dabei nur I... sprechen könnte. Aber eine hübsche I... wäre auch nicht schlecht!

EXERCICES DE SYNTHÈSE

246 Complétez :

Als die türkischen Kinder zum erstenmal... Ankara kamen, waren sie sehr erstaunt. ... Ankara waren sie vorher noch nie gewesen. Sie wohnten mit ihren Eltern... Gülköy, einem kleinen Dorf... Anatolien. Aber in... Türkei ist das Leben schwer, und viele Türken sind arbeitslos. So sagte der Vater eines Tages : „Wir gehen... Deutschland, dort finden wir Arbeit."
Aber wohin? ... Frankfurt, ... Berlin oder... Stuttgart? ... Berlin sind schon so viele Türken, daß es ein Stadtviertel gibt, das „Klein-Istanbul" genannt wird. ... Hamburg arbeitete schon ein Verwandter der Familie, deshalb wollten sie... Hamburg gehen. Sie packten ihre Koffer, fuhren mit dem Bus... Ankara, und von dort aus flogen sie... BRD. Zuerst landeten sie... Frankfurt und dann flogen sie mit einer Maschine der Lufthansa... Hamburg.

*247 Traduisez en allemand :

Dans les années 60 l'industrie allemande avait besoin de beaucoup de main-d'œuvre *(die Arbeitskräfte-pl.-)*. Après la construction du mur de Berlin en 1961, la R.F.A. ne pouvait plus compter sur *(rechnen mit)* les émigrants *(die Auswanderer)* de R.D.A., elle se tourna donc vers *(sich wenden an* + Acc.) l'étranger. D'abord, ce furent les Italiens qui vinrent, suivis bientôt des Espagnols et des Grecs, puis des Turcs et des Yougoslaves. Actuellement, ce sont les Turcs qui forment la majorité des travailleurs immigrés en R.F.A.

10. LES VERBES À COMPLÉMENT PRÉPOSITIONNEL

Rappel de quelques verbes, parmi les plus courants, dont les compléments sont précédés d'une préposition :

ACCUSATIF

Avec *an* + Accusatif :	Avec *über* + Accusatif
denken : penser à	*sich ärgern* : se fâcher contre
sich erinnern : se souvenir de	*sich aufregen* : s'énerver au sujet de
glauben : croire à, en	*sich beklagen* : *sich beschweren* : } se plaindre de
sich gewöhnen : s'habituer à	*sich lustig machen* : *spotten* : } se moquer de
schreiben : écrire à	*staunen* : s'étonner de
sich richten : s'adresser à	
sich wenden : s'adresser à	

Avec *auf* + Accusatif	Avec *um* + Accusatif
antworten : répondre à	*sich kümmern* : s'occuper de
achten : *aufpassen* : } faire attention à	*bitten* : demander
sich freuen : se réjouir (à l'idée de...)	*sich handeln* : s'agir de
sich verlassen : compter sur	
sich vorbereiten : se préparer à	
warten : attendre	

Ne pas confondre !
Wir freuen uns ***auf*** *die schöne Reise, die wir nächsten Sommer machen.* Nous nous réjouissons **à l'idée** du beau voyage que nous ferons l'été prochain.
Ich freue mich ***über*** *das schöne Geschenk, das ich bekommen habe.* Je me réjouis **du** beau cadeau que j'ai eu.

Denk ***an*** *deine Arbeit!* **Pense à** ton travail !
Er denkt ***über*** *seine Zukunft* ***nach.***
Il **réfléchit à** son avenir.

Rappel de quelques verbes, parmi les plus courants, dont les compléments sont précédés d'une préposition :

DATIF

Avec *an* + Datif

sich rächen : se venger de

schuld sein : être responsable (fautif) de

teilnehmen : participer à

zweifeln : douter de

Avec *mit* + Datif

anfangen : commencer par

aufhören : terminer

fertig sein : avoir fini de

sich beschäftigen : s'occuper de

Mitleid haben : avoir pitié de

vergleichen : comparer à

Avec *aus* + Datif

bestehen : se composer de

Avec *von* + Datif

abhängen : dépendre de

erzählen : } parler de
sprechen : }

Avec *vor* + Datif

Angst haben : avoir peur de

sich schützen : se protéger de

QUELLE PRÉPOSITION ?

***248** **Choisissez la préposition qui convient :**

1. Die ganze Familie bereitet sich... einen Ausflug vor. 2. Die Kinder kümmern sich... die Bälle und die Federballschläger. 3. Peter ist auf der Suche... dem Schlauchboot. 4. Er soll auch... die Ruder denken. 5. Der Vater ist... dem Auto beschäftigt. 6. Die Mutter sorgt... Essen und Trinken. 7. Die Oma paßt... das Baby auf. 8. „Bist du bald fertig... dem Einpacken ?" 9. „Gib acht... die Thermosflasche !" 10. „Hör jetzt endlich... deinen Dummheiten auf !" 11. Der Opa interessiert sich nur... seinen Garten. 12. Er verzichtet gern... die Autofahrt.

249 **Cochez la préposition qui convient :**

1. Nach dem Unfall kümmert sich der Arzt (☐ von ☐ um ☐ über ☐ für) die Verletzten. 2. Die Polizei ärgert sich (☐ auf ☐ über ☐ an ☐ vor) das unvorsichtige Fahren der Verkehrsteilnehmer. 3. Ich freue mich schon (☐ für ☐ an ☐ über ☐ auf) die nächsten Sommerferien. 4. Die Ausländerin konnte sich mit dem besten Willen nicht (☐ auf ☐ für ☐ an ☐ in) das Leben in

Deutschland gewöhnen. **5.** Bist du bald fertig (☐ mit ☐ von ☐ an ☐ für) deiner Arbeit? **6.** Ich kann mich überhaupt nicht (☐ von ☐ für ☐ um ☐ an) sie erinnern. **7.** Endlich kommt die Antwort (☐ von ☐ für ☐ an ☐ auf) meinen Brief. **8.** An der Haltestelle warten viele Menschen (☐ über ☐ an ☐ auf ☐ um) den Bus. **9.** Hast du (☐ von ☐ in ☐ an ☐ für) Opas Geburtstag gedacht? **10.** Der Junge interessiert sich leider (☐ von ☐ in ☐ an ☐ für) gar nichts.

EXERCICE DE SYNTHÈSE

*250 Reconstituez les phrases en reliant une des subordonnées suivantes à l'une des énonciatives ci-dessous :

1. Hast du daran gedacht... **2.** Sie freuen sich alle darauf... **3.** Erinnere ihn bitte daran... **4.** Denken Sie einmal darüber nach... **5.** Die Nachbarn beschweren sich darüber... **6.** Sorgst du bitte dafür... **7.** Die Mutter ist wohl schuld daran... **8.** Er bat mich mehrmals darum... **9.** Sie hat das Buch nicht ganz gelesen, sie begnügte sich damit... **10.** Da er keinen guten Willen zeigt, verzichte ich darauf...

a. ... ein weiteres Gespräch mit ihm zu führen. **b.** ... ihm bei seiner Arbeit zu helfen. **c.** ... daß die Geschäfte am Samstag nachmittag geschlossen sind? **d.** ... daß die Löhne bald erhöht werden. **e.** ... es durchzublättern. **f.** ... daß er die Bücher unbedingt in die Bücherei zurückbringen muß! **g.** ... was passieren könnte, falls Sie eine solche Entscheidung treffen. **h.** ... daß die Kinder zu viel Lärm machen. **i.** ... daß dein Koffer ordentlich gepackt wird? **j.** ... daß ihr Sohn so ungezogen ist.

I. LE GROUPE NOMINAL

ARTICLES DÉFINIS

	Masculin	*Féminin*	*Neutre*	*Pluriel*
Nominatif	der	die	das	die
Accusatif	den	die	das	die
Datif	dem	der	dem	den
Génitif	des	der	des	der

DÉCLINAISON DU GROUPE NOMINAL

I. AVEC L'ARTICLE DÉFINI

Masculin	*Féminin*	*Neutre*	*Pluriel*
der (alt**e**) Mann	die (alt**e**) Frau	das (klein**e**) Kind	die (alten) Leute
den (alten) Mann	die (alt**e**) Frau	das (klein**e**) Kind	die (alten) Leute
dem (alten) Mann	der (alten) Frau	dem (kleinen) Kind	den (alten) Leuten
des (alten) Mann(e)s	der (alten) Frau	des (kleinen) Kind(e)s	der (alten) Leute

N.B. Même déclinaison avec : *dieser, jener* (sing. et pluriel) *jeder* (= singulier) *alle, keine* et les adjectifs possessifs (au pluriel).

II. AVEC L'ARTICLE INDÉFINI

Masculin	*Féminin*	*Neutre*	*Pluriel*
ein (alter) Mann einen (alten) Mann einem (alten) Mann eines (alten) Mann(e)s	eine (alte) Frau eine (alte) Frau einer (alten) Frau einer (alten) Frau	ein (kleines) Kind ein (kleines) Kind einem (kleinen) Kind eines (kleinen) Kind(e)s	alte Leute alte Leute alten Leuten alter Leute

N.B. Même déclinaison avec : *kein* et les adjectifs possessifs au singulier, *viele, einige, mehrere, manche* (au pluriel), les nombres cardinaux : *drei kleine Kinder.*

III. SANS ARTICLE

Masculin	*Féminin*	*Neutre*	*Pluriel*
guter Wein guten Wein gutem Wein (guten Weins)	kalte Milch kalte Milch kalter Milch (kalter Milch)	frisches Wasser frisches Wasser frischem Wasser (frischen Wassers)	rote Äpfel rote Äpfel roten Äpfeln roter Äpfel

IV. CERTAINS MASCULINS SUIVENT UNE DÉCLINAISON PARTICULIÈRE, LA DÉCLINAISON « FAIBLE »

Singulier	*Pluriel*
der Junge den Jungen dem Jungen des Jungen	die Jungen die Jungen den Jungen der Jungen

V. ADJECTIFS POSSESSIFS (Nominatif)

Masculin	*Féminin*	*Neutre*	*Pluriel*
mein	meine	mein	meine
dein	deine	dein	deine
sein	seine	sein	seine
ihr	ihre	ihr	ihre
unser	unsere	unser	unsere
euer	eure	euer	eure
ihr	ihre	ihr	ihre
Ihr	Ihre	Ihr	Ihre

VI. PRONOMS PERSONNELS

Nominatif	*Accusatif*	*Datif*	*Génitif : peu usité*
ich	mich	mir	
du	dich	dir	
er	ihn	ihm	
sie	sie	ihr	
es	es	ihm	
wir	uns	uns	
ihr	euch	euch	
sie	sie	ihnen	
Sie	Sie	Ihnen	

VII. PRONOMS RÉFLÉCHIS

Accusatif	*Datif*
ich freue mich	ich kaufe mir ein Buch
du freust dich	du kaufst dir ein Buch
er freut sich	er kauft sich ein Buch
sie freut sich	sie kauft sich ein Buch
es freut sich	es kauft sich ein Buch
wir freuen uns	wir kaufen uns ein Buch
ihr freut euch	ihr kauft euch ein Buch
sie freuen sich	sie kaufen sich ein Buch
Sie freuen sich	Sie kaufen sich ein Buch

VIII. PRONOMS RELATIFS

Masculin	*Féminin*	*Neutre*	*Pluriel*
der	die	das	die
den	die	das	die
dem	der	dem	denen
dessen	deren	dessen	deren

CONJONCTIONS DE SUBORDINATION LES PLUS FRÉQUENTES

als	(quand, lorsque)	*Als* wir in Straßburg ankamen, schneite es.
als ob	(comme si)	Sie tut, *als ob* sie krank wäre.
bevor	(avant que)	*Bevor* wir nach Paris zogen, wohnten wir in Köln.
bis	(jusqu'à ce que)	Das kann aber lange dauern, *bis* er die Lösung findet.
da	(comme, puisque)	*Da* ich keine Zeit hatte, konnte ich nicht kommen.
damit	(pour que, afin que)	Ich sage es dir, *damit* du es weißt !
daß	(que)	Ich hoffe, *daß* er morgen kommen kann.
indem	(en + part. I)	Mache dich doch nützlich, *indem* du die Gläser in den Schrank räumst !
nachdem	(après que)	*Nachdem* er endlich gegangen war, konnte ich ins Bett gehen.
ob	(si interrogatif)	Ich weiß nicht, *ob* ich alles sagen soll.
obwohl, obschon, obgleich	(quoique), (bien que)	Er kann die Aufgabe nicht lösen, *obwohl* er besonders klug ist.
seit (dem)	(depuis que)	*Seit* sie von diesem Arzt behandelt wird, fühlt sie sich viel besser.
sobald	(dès que)	*Sobald* du zurück bist, können wir essen.
solange	(tant que)	*Solange* du bei mir bleibst, habe ich keine Angst.
sooft	(aussi souvent que)	Er besuchte seine kranke Großmutter, *sooft* er konnte.
während	(pendant que)	*Während* er in der Küche spülte, sah ich fern.
	(alors que)	Sie ist an klassischer Musik interessiert, *während* er sich nur für Popmusik begeistert.
weil	(parce que)	Er kann nicht mitspielen, *weil* er krank ist.
wenn	(quand, lorsque)	*Wenn* wir in den Weihnachtsferien nach Straßburg fuhren, schneite es meistens.
	(si conditionnel)	*Wenn* ich viel Geld hätte, könnte ich mir einen neuen Wagen kaufen.

II. LE GROUPE VERBAL

CONJUGAISON

1. LES AUXILIAIRES DE TEMPS

Indicatif	**sein**	**haben**	**werden**
Présent	ich bin du bist er ist wir sind ihr seid sie sind Sie sind	ich habe du hast er hat wir haben ihr habt sie haben Sie haben	ich werde du wirst er wird wir werden ihr werdet sie werden Sie werden
Prétérit	ich war du warst er war wir waren ihr wart sie waren Sie waren	ich hatte du hattest er hatte wir hatten ihr hattet sie hatten Sie hatten	ich wurde du wurdest er wurde wir wurden ihr wurdet sie wurden Sie wurden

Parfait (passé composé)	ich bin ... gewesen	ich habe ... gehabt	ich bin ... geworden
Plus-que-parfait	ich war ... gewesen	ich hatte ... gehabt	ich war ... geworden
Futur	ich werde ... sein	ich werde ... haben	ich werde ... werden
Subjonctif I *Présent*	ich sei du seist er sei wir seien ihr seiet sie seien Sie seien	ich habe du habest er habe wir haben ihr habet sie haben Sie haben	ich werde du werdest er werde wir werden ihr werdet sie werden Sie werden
Passé	er sei ... gewesen	er habe ... gehabt	er sei ... geworden
Futur	er werde ... sein	er werde ... haben	er werde ... werden
Subjonctif II *Présent*	ich wäre du wärest er wäre wir wären ihr wäret sie wären Sie wären	ich hätte du hättest er hätte wir hätten ihr hättet sie hätten Sie hätten	ich würde du würdest er würde wir würden ihr würdet sie würden Sie würden
Passé	ich wäre ... gewesen	ich hätte ... gehabt	ich wäre ... geworden
Futur	ich würde ... sein	ich würde ... haben	ich würde ... werden
Impératif	sei ! seien wir ! seid ! seien Sie !	habe ou hab ! haben wir ! habt ! haben Sie !	werde ! werden wir ! werdet ! werden Sie !

2. LES VERBES FAIBLES

Indicatif	**Type : spielen**	**Type : antworten**
Présent	ich spiele du spielst er spielt wir spielen ihr spielt sie spielen Sie spielen	ich antworte du antwort**e**st er antwort**e**t wir antworten ihr antwort**e**t sie antworten Sie antworten
Prétérit	ich spielte du spieltest er spielte wir spielten ihr spieltet sie spielten Sie spielten	ich antwort**e**te du antwort**e**test er antwort**e**te wir antwort**e**ten ihr antwort**e**tet sie antwort**e**ten Sie antwort**e**ten
Parfait (passé composé)	ich habe ... gespielt	ich habe ... geantwort**e**t
Plus-que-parfait	ich hatte ... gespielt	ich hatte ... geantwort**e**t
Futur	ich werde ... spielen	ich werde ... antworten
Subjonctif I *Présent* *(radical du présent)*	ich spiele du spielest er spiele wir spielen ihr spielet sie spielen Sie spielen	ich antworte du antwortest er antworte wir antworten ihr antwortet sie antworten Sie antworten

Passé	er habe ... gespielt	er habe ... geantwortet
Futur I	er werde ... spielen	er werde ... antworten
Futur II	er werde ... gespielt haben	er werde ... geantwortet haben
Subjonctif II *Présent*	**identique au prétérit de l'indicatif.**	
Passé	ich hätte ... gespielt	ich hätte ... geantwortet
Futur	ich würde ... spielen	ich würde ... antworten
Impératif	spiel(e) ! spielen wir ! spielt ! spielen Sie !	antworte ! antworten wir ! antwortet ! antworten Sie !

VERBES FAIBLES IRRÉGULIERS

brennen	brannte	gebrannt	brûler
bringen	brachte	gebracht	apporter
denken	dachte	gedacht	penser
kennen	kannte	gekannt	connaître
nennen	nannte	genannt	nommer
rennen	rannte	gerannt	courir
senden	sandte (sendete)	gesandt (gesendet)	envoyer (émettre)
wenden	wandte (wendete)	gewandt (gewendet)	tourner

3. LES VERBES FORTS

Indicatif	**schreiben**	**fahren**
Présent	ich schreibe du schreibst er/sie/ es schreibt wir schreiben ihr schreibt sie/Sie schreiben	ich fahre du fährst er/sie/ es fährt wir fahren ihr fahrt sie/Sie fahren
	Remarque : Attention à quelques particularités ! ich lese — du liest ich sehe — du siehst ich nehme — du nimmst ich trete — du trittst ich lade — du lädst ich rate — du rätst ich halte — du hältst	 er liest er sieht er nimmt er tritt er lädt er rät er hält
Prétérit	ich schrieb du schriebst er/sie/ es schrieb wir schrieben ihr schriebt sie/Sie schrieben	ich fuhr du fuhrst er/sie/ es fuhr wir fuhren ihr fuhrt sie/Sie fuhren
Parfait (passé composé)	ich habe ... geschrieben	ich bin ... gefahren

Plus-que-parfait	ich hatte ... geschrieben	ich war ... gefahren
Futur	ich werde ... schreiben	ich werde ... fahren
Subjonctif I *Présent*	ich schreibe du schreibest er/sie/ es schreibe wir schreiben ihr schreibet sie/Sie schreiben	ich fahre du fahrest er/sie/ es fahre wir fahren ihr fahret sie/Sie fahren
Passé	er habe ... geschrieben	er sei ... gefahren
Futur I	er werde ... schreiben	er werde ... fahren
Futur II	er werde ... geschrieben haben	er werde ... gefahren sein
Subjonctif II *Présent* *(radical du prétérit)* *	ich fiele ich schriebe ich schliefe	ich nähme ich führe ich zöge
Passé	ich hätte ... geschrieben	ich wäre ... gefahren
Futur	ich würde ... schreiben	ich würde ... fahren
Impératif	schreib ! schreiben wir ! schreibt ! schreiben Sie !	fahr(e) ! fahren wir ! fahrt ! fahren Sie !

* Formation : Radical du Prétérit Indicatif + *Umlaut* (sur a - o - u) + terminaisons du subjonctif (e - est - e - en - et - en).

LISTE ALPHABÉTIQUE DES VERBES FORTS LES PLUS COURANTS

Pour les verbes à particule, voir le verbe de base. Ex. : *anfangen*, voir *fangen*.
* L'astérisque indique que les temps composés du passé se forment avec l'auxiliaire *sein*.

Infinitif	*Prétérit*	*Participe 2*	*Indicatif présent 3e pers. sing.*	*Sens*
backen	backte/buk	gebacken	er bäckt (ou backt)	cuire (au four)
befehlen	befahl	befohlen	er befiehlt	ordonner, commander
beginnen	begann	begonnen		commencer
beißen	biß	gebissen		mordre
biegen	bog	gebogen		plier, courber
bieten[1]	bot	geboten		offrir
binden	band	gebunden		lier
bitten[2]	bat	gebeten		prier (qqn de...)
blasen	blies	geblasen	er bläst	souffler
*bleiben	blieb	geblieben		rester
braten	briet	gebraten	er brät	rôtir
brechen	brach	gebrochen	er bricht	briser
*dringen	drang	gedrungen		pénétrer
empfehlen	empfahl	empfohlen	er empfiehlt	recommander
*erschrecken[3]	erschrak	erschrocken	er erschrickt	s'effrayer
essen	aß	gegessen	er ißt	manger
*fahren	fuhr	gefahren	er fährt	aller (véhicule)
*fallen	fiel	gefallen	er fällt	tomber
fangen	fing	gefangen	er fängt	attraper
finden	fand	gefunden		trouver
*fliegen	flog	geflogen		voler
*fliehen	floh	geflohen		fuir
*fließen	floß	geflossen		couler
fressen	fraß	gefressen	er frißt	manger (animaux)
frieren	fror	gefroren		geler
geben	gab	gegeben	er gibt	donner
*gehen	ging	gegangen		aller

*gelingen	gelang	gelungen		réussir
gelten	galt	gegolten	es gilt	valoir
genießen	genoß	genossen		jouir de
*geschehen	geschah	geschehen	es geschieht	arriver (impers.)
gewinnen	gewann	gewonnen		gagner
gießen	goß	gegossen		verser, arroser
gleichen	glich	geglichen		ressembler
*gleiten	glitt	geglitten		glisser
graben	grub	gegraben	er gräbt	creuser
greifen	griff	gegriffen		(se) saisir (de)
halten	hielt	gehalten	er hält	tenir, s'arrêter
hängen	hing	gehangen		être suspendu
heben	hob	gehoben		lever
heißen	hieß	geheißen		s'appeler, dire de...
helfen	half	geholfen	er hilft	aider
klingen	klang	geklungen		résonner
*kommen	kam	gekommen		venir
*kriechen	kroch	gekrochen		ramper
laden	lud	geladen	er lädt	charger
lassen	ließ	gelassen	er läßt	laisser
*laufen	lief	gelaufen	er läuft	courir
leiden	litt	gelitten		souffrir
leihen	lieh	geliehen		prêter
lesen	las	gelesen	er liest	lire
liegen	lag	gelegen		être couché
lügen	log	gelogen		mentir
meiden	mied	gemieden		éviter
messen	maß	gemessen	er mißt	mesurer
nehmen	nahm	genommen	er nimmt	prendre
pfeifen	pfiff	gepfiffen		siffler

1. jemandem etwas (+ accusatif) anbieten. **2.** jemanden um etwas (+ accusatif) bitten. **3.** Le verbe transitif *erschrecken* (effrayer qqn) est faible.

Infinitif	*Prétérit*	*Participe*	*Indicatif présent 3e pers. sing.*	*Sens*
raten	riet	geraten	er rät	conseiller, deviner
reiben	rieb	gerieben		frotter
reißen	riß	gerissen		arracher
*reiten	ritt	geritten		aller à cheval
riechen	roch	gerochen		sentir (odeur)
rufen	rief	gerufen		appeler, s'écrier
saufen	soff	gesoffen	er säuft	boire (animaux)
schaffen	schuf	geschaffen		créer
scheinen	schien	geschienen		briller, sembler
schelten	schalt	gescholten	er schilt	gronder, traiter de...
schieben	schob	geschoben		pousser, déplacer
schießen	schoß	geschossen		tirer (arme, sport)
schlafen	schlief	geschlafen	er schläft	dormir
schlagen	schlug	geschlagen	er schlägt	battre, taper
*schleichen	schlich	geschlichen		se glisser
schließen	schloß	geschlossen		fermer
schlingen	schlang	geschlungen		enlacer
schmeißen	schmiß	geschmissen		lancer, flanquer (familier)
*schmelzen	schmolz	geschmolzen	er schmilzt	fondre
schneiden	schnitt	geschnitten		couper
schreiben	schrieb	geschrieben		écrire
schreien	schrie	geschrien		crier
*schreiten	schritt	geschritten		marcher
schweigen	schwieg	geschwiegen		se taire
schwimmen	schwamm	geschwommen		nager
schwingen	schwang	geschwungen		brandir, agiter
schwören	schwor	geschworen		jurer, prêter serment
sehen	sah	gesehen	er sieht	voir
singen	sang	gesungen		chanter
*sinken	sank	gesunken		sombrer
sitzen	saß	gesessen		être assis

sprechen	sprach	gesprochen	er spricht	parler
*springen	sprang	gesprungen		sauter
stechen	stach	gestochen	er sticht	piquer
stehen	stand	gestanden		être debout
stehlen	stahl	gestohlen	er stiehlt	voler, dérober
*steigen	stieg	gestiegen		monter
*sterben	starb	gestorben	er stirbt	mourir
stinken	stank	gestunken		puer
stoßen	stieß	gestoßen	er stößt	pousser, heurter
streichen	strich	gestrichen		rayer, effacer
streiten	stritt	gestritten		se disputer
tragen	trug	getragen	er trägt	porter
treffen	traf	getroffen	er trifft	atteindre, rencontrer
treiben	trieb	getrieben		pousser, faire avancer
*treten	trat	getreten	er tritt	marcher, poser le pied
trinken	trank	getrunken		boire
tun	tat	getan		faire
*verderben	verdarb	verdorben	es verdirbt	se gâter
vergessen	vergaß	vergessen	er vergißt	oublier
verlieren	verlor	verloren		perdre
*wachsen	wuchs	gewachsen	er wächst	croître, pousser
waschen	wusch	gewaschen	er wäscht	laver
*weichen	wich	gewichen		céder, reculer
weisen	wies	gewiesen		indiquer
werben	warb	geworben	er wirbt	briguer, faire de la publicité
werfen	warf	geworfen	er wirft	lancer
wiegen[1]	wog	gewogen		peser
ziehen[2]	zog	gezogen		tirer
zwingen	zwang	gezwungen		contraindre.

1. *Wiegen* est faible lorsqu'il signifie « bercer ».
2. *Ziehen* se conjugue avec *sein* lorsqu'il signifie « flâner, passer, se déplacer (cf. *umziehen :* déménager) ».

LES AUXILIAIRES DE MODE ET LE VERBE WISSEN

Conjugaison	*Indicatif présent*	*Prétérit*	*Parfait*	*Pl.-que-parf.*	*Futur*
können	ich kann du kannst er kann wir können ihr könnt sie können	ich konnte du konntest er konnte wir konnten ihr konntet sie konnten	ich habe... gekonnt ich habe (+ *infinitif*) können	ich hatte... gekonnt ich hatte (+ *infinitif*) können	ich werde können
dürfen	ich darf du darfst er darf wir dürfen ihr dürft sie dürfen	ich durfte du durftest er durfte wir durften ihr durftet sie durften	ich habe gedurft ich habe (+ *infinitif*) dürfen	ich hatte... gedurft ich hatte (+ *infinitif*) dürfen	ich werde dürfen
müssen	ich muß du mußt er muß wir müssen ihr müßt sie müssen	ich mußte du mußtest er mußte wir mußten ihr mußtet sie mußten	ich habe... gemußt ich habe (+ *infinitif*) müssen	ich hatte... gemußt ich hatte (+ *infinitif*) müssen	ich werde müssen

sollen	ich soll du sollst er soll wir sollen ihr sollt sie sollen	ich sollte du solltest er sollte wir sollten ihr solltet sie sollten	ich habe... gesollt ich habe (+ *infinitif*) sollen	ich hatte... gesollt ich hatte (+ *infinitif*) sollen	ich werde sollen
mögen	ich mag du magst er mag wir mögen ihr mögt sie mögen	ich mochte du mochtest er mochte wir mochten ihr mochtet sie mochten	ich habe... gemocht ich habe (+ *infinitif*) mögen	ich hatte... gemocht ich hatte (+ *infinitif*) mögen	ich werde mögen
wollen	ich will du willst er will wir wollen ihr wollt sie wollen	ich wollte du wolltest er wollte wir wollten ihr wolltet sie wollten	ich habe... gewollt ich habe (+ *infinitif*) wollen	ich hatte... gewollt ich hatte (+ *infinitif*) wollen	ich werde wollen
wissen	ich weiß du weißt er weiß wir wissen ihr wißt sie wissen	ich wußte du wußtest er wußte wir wußten ihr wußtet sie wußten	ich habe... gewußt	ich hatte... gewußt	ich werde wissen

LES AUXILIAIRES DE MODE (suite)

Conjugaison	SUBJONCTIF I		SUBJONCTIF II	
	Présent	*Passé*	*Présent*	*Passé*
können	ich könne du könnest er könne wir können ihr könnet sie können	er habe... gekonnt er habe (+ *infinitif*) können	ich könnte	ich hätte... gekonnt ich hätte (+ *infinitif*) können
dürfen	ich dürfe du dürfest er dürfe wir dürfen ihr dürfet sie dürfen	er habe... gedurft er habe (+ *infinitif*) dürfen	ich dürfte	ich hätte (+ *infinitif*) können
müssen	ich müsse du müssest er müsse wir müssen ihr müsset sie müssen	er habe... gemußt er habe (+ *infinitif*) müssen	ich müßte	ich hätte... gemußt ich hätte (+ *infinitif*) müssen

sollen	ich solle du sollest er solle wir sollen ihr sollet sie sollen	er habe... gesollt er habe (+ *infinitif*) sollen	ich sollte	ich hätte... gesollt ich hätte (+ *infinitif*) sollen
mögen	ich möge du mögest er möge wir mögen ihr möget sie mögen	er habe... gemocht er habe (+ *infinitif*) mögen	ich möchte	ich hätte... gemocht ich hätte (+ *infinitif*) mögen
wollen	ich wolle du wollest er wolle wir wollen ihr wollet sie wollen	er habe... gewollt er habe (+ *infinitif*) wollen	*identique au prétérit de l'indicatif*	ich hätte... gewollt ich hätte (+ *infinitif*) wollen
wissen	ich wisse du wissest er wisse wir wissen ihr wisset sie wissen	er habe... gewußt	ich wüßte	ich hätte... gewußt

CORRIGÉS

Les exercices non corrigés ont été signalés par l'abréviation (N.C.) au cours de l'ouvrage.

I. LE GROUPE NOMINAL

1. LE NOMINATIF

1.
Die rote - der warme - die dicke - das karierte - der graue und die weiße - die roten - die eleganten.

2.
Dieser rote - Dieses große - Jene alte - Diese schönen - Jedes kleine.

3.
ein - kein - eine - keine - ein - kein - ein - kein - eine - keine.

4.
mein - dein - meine - deine - mein - dein -meine - deine.

5.
seine - ihr - seine - ihre - sein - seine - ihr - sein - ihr - sein - seine - ihr.

6.
alle kleinen - alle schnellen - einige neue - viele alte - alle alten - alle kleinen - viele alte - einige interessante - alle wertvollen.

7.
deine roten - deine schmutzigen - die alten - die neuen - die teuren - kein einziger - das schöne - die schrecklichen - kein einziges - alte zerrissene - die schöne weiße - deine neue - deine alten verwaschenen.

2. L'ACCUSATIF

9.
den braunen - die rote - den dicken - das leichte - den karierten - das gestreifte - die warmen - die dünnen - die blaue - die gelbe - das weiße - den blauen.

10.
ein - keinen - eine - keinen - ein - kein - keinen - ein - ein - keinen.

11.
seinen - seinen - ihre - ihre - seine - seinen -seinen - ihre.

12.
meinen - meinen - eure - euren - unsere - Ihren - deine - deinen.

13.
ihre - seinen - seinen - ihren - ihren - ihr - ihr - ihre - sein - ihre.

14.
Zigaretten - Äpfel - Servietten - Bücher - Platten - Kassetten.

15.
keine - kein - keine - keine - keine - keinen - keinen - keine - keine.

16.
a. Er hat keine Angst - Er hat nie Angst - Ich habe keine Zeit - Hast du Hunger ? - Nein, ich habe keinen Hunger. - Sie hat keine Geduld. - Gib mir Geld, bitte ! Ich habe kein Geld mehr - Haben Sie kein Gepäck ? - Ich habe keinen Koffer, aber ich habe eine Tasche.

b. Ich sollte Fleisch und Butter kaufen. - Aber ich habe kein Geld bei mir. - Heute trinke ich keinen Wein. - Bringen Sie mir Wasser ! - Ich esse gern Bratkartoffeln, aber ich esse doch lieber Pommes frites. - Kannst du Chinesisch ? - Nein, ich kann kein Chinesisch, aber ich kann ein wenig Deutsch.

18.
a. blonde Haare - blaue Augen - kleine Ohren - eine kurze - schöne weiße - einen dünnen - einen dicken - breite - lange Arme - kräftige - einen dicken - krumme Beine - lange breite.

b. weiße Haare - faltiges - schwarze Augen - riesengroße Ohren - eine lange krumme - gelbe - dünne Arme - große -dicke Beine.

c. schwarze lockige Haare - dunkelbraune Augen - eine hübsche - schmale - rote Backen - einen zarten - eine schlanke - wunderschöne Beine.

20.
kalte oder warme - keine - keinen - frischen - großes - schwarzen - englischen - frische - knusprige -weißes - graues -schwarzes - eine - keine - hausgemachte - englische - echten - großes - englischen - echten.

21.
eine vernünftige - frischen - frische - eine - eine gebackene - schöne - einen - gemischten - gemischten - grünen - eine - gemischten - einen herben - einen elsässischen - einen.

22.
ein neues Fahrrad - ein sauberes T-Shirt - sein altes Mofa - den schweren Koffer - diese leichte Aufgabe - einen spannenden Krimi - eine interessante Reportage - einen jungen Hund - die schmutzige Wäsche.

3. LE DATIF

23.
der komischen - der neuen - den schmutzigen - dem dünnen - dem dicken - den alten.

24.
mit blonden Haaren - blauen Augen - kleinen Ohren - einer kurzen Nase - schönen weißen Zähnen - einem dünnen Schnurrbart - einem dicken Hals - breiten Schultern - langen Armen - kräftigen Händen - einem dicken Bierbauch - krummen Beinen - langen breiten Plattfüßen.

25.
seiner - einen netten - ihrer - schöne rote - ihrem - einen spannenden - ihren - einen leckeren - seiner kranken - eine - seinem - eine lustige - der - eine warme - der - einen herrlichen - ihrer - frische - dem.

26.
Claudia kauft ihrer Mutter rote Rosen. - Peter schenkt seiner Freundin Brigitte eine schöne Schallplatte. - Der Verkäufer zeigt meiner Mutter einen schönen Pullover. - Der Angestellte verkauft den Reisenden Fahrkarten. - Der Verkäufer zeigt meinem Bruder einen neuen Wagen. - Die Eltern kaufen ihren Kindern einen tollen Computer.

27.
großer - schlechtem - glatter - hoher - strengem - guten - offenen - günstigem.

28.
dem runden - dem alten - einem großen - dieser engen - der breiten - dieser dunklen - dem hellen - deinem dünnen - den schmutzigen - seinem breiten - einer eleganten - einer so teuren - dem kleinen - einem großen - deinen dummen - deinem ewigen.

29.
Suggestions : Eine freundliche Verkäuferin hilft der ratlosen Kundin. - Eine freundliche Verkäuferin hilft der alten Dame. - Der erfahrene Trainer hilft dem jungen Sportler. - Ein hilfsbereiter Fußgänger hilft dem ausländischen Autofahrer - etc...

30.
Suggestions : Der Briefträger bringt der Dame eine hübsche Ansichtskarte. - Die Nachbarin bringt dem Schuster die abgetragenen Schuhe. - Der Junge bringt dem Automechaniker das reparaturbedürftige Motorrad. - etc...

31.
a. Liebe - Lieber - geehrte - Liebe - Lieber - Meine liebe - Mein liebes - geehrter - geehrte.

b. Guten - Gute - Guten - Vielen - Vielen herzlichen - Besten - Herzliche - Herzlichen - Gute - Schönes - Gute - Schöne - Angenehme - Alles Gute - den besten - freundlichen - vorzüglicher.

4. LE GÉNITIF

33.
der alten - des neuen Autos - des kleinen Wagens - des dreizehnjährigen Mädchens - der deutschen - der französischen.

35.
der Bruder meines Vaters oder meiner Mutter - die Schwester meines Vaters oder meiner Mutter - die Eltern meiner Eltern - der Sohn meines Onkels und meiner Tante - der Sohn meines Bruders oder meiner Schwester - die Tochter meines Bruders oder meiner Schwester - der Vater meines Großvaters oder meiner Großmutter - die Mutter meines Großvaters oder meiner Großmutter - der Sohn, die Tochter meiner Eltern - der Enkel, die Enkelin meiner Großeltern - der Neffe, die Nichte meines Onkels und meiner Tante - der Vetter, die Kusine meines Vetters oder meiner Kusine - etc.

36.
meinem - meiner - meinem - meiner - meiner -meinem - meinem - meiner - meinem - meiner - meinen - meinen - meinem.

38.
meines - meiner - meines - meiner - meiner - meines - meines - meiner - meines - meiner - meiner - meiner - meines.

40.
unseren jungen Leuten - die Älteren - ihren - den Straßen - wilde - jungen Leuten - ihre.

41.
die - ein - vielen Männern und Frauen - den „wohlverdienten" - der langen - keine - dem - ein Unglück - Tagen - der - einige Reisen - Die - des Lebens - ein Gefühl der Leere - einen Namen.

42.
die - der - Das - am - zum - zur - den berühmten romanischen - den - zum - dem - unzählige - der deutschen - im Römisch-Germanischen - Die ganze - der - im - der - am - das - jeder - den gemütlichen - einem - dem - der - viele weiße - einer - der - den - seinem - Einen schnellen ersten - einer - einem - einem - vom - vielen - der.

43.
ein - der - lange - ein entwickeltes - vergleichbare - beim - den - der - dem - eine neue - erfaßbare - beim - jüngster - ins - ökologischer - beim - das - den Jahren.

5. LES MASCULINS FAIBLES

45.
viele Abiturienten - den Journalisten - einen bekannten Advokaten - einen reichen Prinzen - Die Studenten - eines berühmten Philosophen - seinem Architekten - einem Polizisten - diesem Menschen.

46.
Herrn - deinen Kollegen - Der kleine Junge - den berühmtesten Helden - Der Student - dem großen deutschen Philosophen - diesen Jungen - einen Schulkameraden - Herrn - einem Franzosen - einem Griechen - dem berühmten Russen.

47.
Sie haben zwei Kinder, einen Sohn und eine Tochter. - Es ist der Sohn eines berühmten Architekten. - Die Artikel dieses jungen Journalisten sind immer interessant. - Während der Ferien habe ich einen jungen Bayern kennengelernt. - Ich habe ihn Herrn Lang, meinem sympathischen Kollegen, vorgestellt. - Ich habe mit Franz, einem Schulkameraden meines Sohnes, darüber gesprochen.

48.
Suggestions : Lade doch diesen ausländischen Studenten ein ! - Ich frage mal den erfahrenen Journalisten. - Nachher besuchen wir noch schnell den Nachbarn - Der Fußgänger fragt den Polizisten, wie man zum Bahnhof kommt - etc.

6. L'ADJECTIF SUBSTANTIVÉ

49.
Ein Blinder - Ein Gelähmter - Der Behinderte - Eine Taubstumme - Die Stummen - Die Armen - die Armen - die Reichen.

50.
Wir haben einen Kranken zu Hause. - Dieser Kranke hat Fieber. - Die Kranken, die Fieber haben, müssen zu Hause bleiben. - Der Arzt hat mit den Eltern des Kranken gesprochen. - Die Krankenschwester hat viele Kranke zu pflegen. - Kennst du die Kranke, die in diesem Zimmer liegt ? - Der Arzt verschreibt den Kranken Medikamente.

51.
viele Jugendliche - Beamte - die Beamten - Arbeitslose - ein Beamter - einen Beamten - die Beamten - die Beamten - einen netten Beamten - einen Bekannten - die Alten - einer hilflosen Alten.

52.
den Kranken - viele Verletzte - Tote - Verletzte - einer Blinden - den Verletzten - einen Verletzten - einen Jugendlichen.

53.
der Alten - den zahlreichen Arbeitslosen - Viele Jugendliche - ein Auszubildender - die Alten - die Alten - die Jungen.

54.
2a / 5h / 7c / 1e / 8f / 4b / 3d / 6g.

7. COMPARATIF ET SUPERLATIF

55.
Die Donau ist länger als der Main. - Der Main ist nicht so lang wie die Donau. - Der Eiffelturm ist höher als das Straßburger Münster. - Das Straßburger Münster ist nicht so hoch wie der Eiffelturm. - Ein großer Mercedes ist teurer als ein kleiner Volkswagen. - Ein kleiner Volkswagen ist nicht so teuer wie ein großer Mercedes. - Gold ist kostbarer als Blei. - Blei ist nicht so kostbar wie Gold. - Das Düsenflugzeug ist moderner als das Segelflugzeug. - Das Segelflugzeug ist nicht so modern wie das Düsenflugzeug. - Ein

kleines Moped ist billiger als ein großes Motorrad. - Ein großes Motorrad ist nicht so billig wie ein kleines Moped. - Das Heidelberger Schloß ist älter als das Olympiastadion in Berlin. - Das Olympiastadion in Berlin ist nicht so alt wie das Heidelberger Schloß.

56.
Der Affe klettert besser als der Elefant - Der Elefant klettert nicht so gut wie der Affe - Das Känguruh springt weiter als der Bär. - Der Bär springt nicht so weit wie das Känguruh. - Die Rakete steigt höher als das Flugzeug. - Das Flugzeug steigt nicht so hoch wie die Rakete. - Ein Motorrad fährt schneller als ein Moped. - Ein Moped fährt nicht so schnell wie ein Motorrad. - Die Chinesen essen öfter Reis als die Deutschen. - Die Deutschen essen nicht so oft Reis wie die Chinesen. - Die Engländer trinken lieber Tee als die Deutschen. - Die Deutschen trinken nicht so gern Tee wie die Engländer. - Die Deutschen trinken mehr Bier als die Franzosen. - Die Franzosen trinken nicht so viel Bier wie die Deutschen. - Die Franzosen essen mehr Käse als die Spanier. - Die Spanier essen nicht so viel Käse wie die Franzosen. - Der Ingenieur verdient mehr als der unqualifizierte Arbeiter. - Der unqualifizierte Arbeiter verdient nicht so viel wie der Ingenieur. - Der Direktor hat mehr Verantwortung als ein Angestellter. - Ein Angestellter hat nicht so viel Verantwortung wie der Direktor.

57.
schneller - der schnellste - besser - die besten - höher - das höchste - teurer - die teuerste - bequemer - das bequemste - billiger - der billigste - besser - der beste - kleiner - der kleinste.

58.
billiger - reiner - leichter - weiter - früher - schneller - bequemer - schlimmer - günstiger - größer - besser - weniger - leerer.

8. LES PRONOMS

59.
Ihnen - mir - ihm - ihr - uns - euch - dir - ihr - ihnen - ihnen - ihnen.

60.
ihn - sie - es - sie - sie - sie - ihn - es.

61.
ihm - ihr - ihm - ihnen - ihm - ihr - ihm - ihnen - ihr.

62.
ihm - sie - ihn - ihm - ihn - ihm - ihr - ihr - ihn - sie.

63.
es ihm - sie ihm - sie ihr - es ihnen - sie ihr - sie ihm - sie ihnen.

64.
sie - ihr - ihn - ihr - ihn - sie - ihnen - sie - ihnen - sie.

65.
Frage ihn, ob er kommen kann. - Ruf deine Freundin an und frage sie, ob sie morgen kommen will. - Sie hat mir geantwortet, daß sie sich nicht wohl fühlt (fühle). - Ich habe ihr gesagt, daß ich sie morgen besuche.

66.
sich - ihr - sich - ihnen - ihm - sich - ihm - mich - mir - sich - ihr - mir - mich - dir - dir - sich - ihm - mir.

67.
ihnen - sich - sich - ihnen - sich - sich - sich - ihm - sich - sich - ihr - sich - ihnen - sich - sich.

68.
Mach die Tür hinter dir zu ! - Es sind Egoisten, sie denken nur an sich. Er arbeitet für sich und nicht für die anderen. - Sie hatte kein Geld bei sich, sie konnte sich keine Zigaretten kaufen.

69.
sich - er - Er - er - Sie - Er - ihm - er - sich - ihn - er - Sie - es - sie - Sie - sich - sich - er - es - sich -es - ihm - Er - ihm - sich - Sie - sie - sie - Sie - sie Ihnen.

70.
meins (langue parlée) - seinem - unsers - Ihrs (langue parlée) - meins - meiner - meinem - seine - deins - meinem - ihrs.

71.
Wer will von Köln nach Freiburg wandern ? - Was nehmen sie ? Wo (bei wem) wollen sie am Abend schlafen ? - Was schlagen sie auf einer Wiese auf ? - Wer hat Angst vor den beiden Wanderern ? - Vor wem haben manche Leute Angst ? - Wer will die Jungen nicht ins Haus lassen ? - Wen wollen sie nicht ins Haus lassen ? - Von wem werden die zwei Jungen freundlich aufgenommen ? - Wer wird von den meisten Leuten freundlich aufgenommen ? - Wer lädt seinen Freund Christoph zum Wochenende ein ? - Wen lädt Jan zum Wochenende ein ? - Wer bringt seinem Freund die Fotos aus den Ferien mit ? - Wem bringt Christoph die Fotos aus den Ferien mit ? - Was bringt Christoph seinem Freund mit ? - Wer zeigt seinen Freunden die Dias aus dem Schwarzwald ? - Wem zeigt Jan seine Dias aus dem Schwarzwald ? - Was zeigt Jan seinen Freunden ? - Wessen Dias sind nicht schlecht ?

72.
Wann liest dein Onkel eine deutsche Zeitung? - Wer liest jeden Tag eine deutsche Zeitung? - Was liest dein Onkel jeden Tag? - Wann gehen deine Freunde ins Konzert? - Wer geht heute abend ins Konzert? - Wohin gehen deine Freunde heute abend? - Wer fährt mit dem Bus in die Stadt? - Womit fahren sie in die Stadt? - Wohin fahren sie mit dem Bus? - Wer paßt auf die Kinder auf? - Auf wen paßt ein Student auf? - Wessen Eltern können ruhig ausgehen? - Wer ist in guten Händen? - Wer hat den Kindern ein Memory-Spiel mitgebracht? - Wem hat der Student ein Memory-Spiel mitgebracht? - Was hat der Student den Kindern mitgebracht? - Wer spielt den ganzen Abend mit den Kindern? - Wie lange spielt er mit den Kindern? - Mit wem spielt er den ganzen Abend? - Wer freut sich immer auf seinen Besuch? - Worauf freuen sich die Kinder immer? - Wann setzen sie sich manchmal vor den Bildschirm? - Wohin setzen sie sich manchmal nach dem Essen? - Wer bringt die Kinder dann ins Bett? - Wen bringt der Babysitter dann ins Bett? - Wohin bringt der Babysitter die Kinder dann? - Wann (um wieviel Uhr) sind die Eltern wieder zu Hause? - Wer ist um Mitternacht wieder zu Hause? - Wo sind die Eltern um Mitternacht wieder?

74.
Der Hut, den er in Mexiko gekauft hat, ist schick - Der Pullover, den er aus Norwegen mitgebracht hat, ist sehr dick und warm - Der Pelzmantel, den er sich in Kanada gekauft hat, ist sehr bequem - Die Tasche, die man ihm in Italien geschenkt hat, ist aus Leder - Die Quarzuhr, die er aus der Schweiz mitgebracht hat, ist aus Gold - Die Statue, die er in Griechenland gefunden hat, ist aus Marmor - Das Seidenkleid, das er in Indien bekommen hat, ist wunderschön - Das Dirndlkleid, das er aus Bayern mitgebracht hat, ist hübsch — Das Porzellan, das er in Limoges gekauft hat, ist sehr fein - Die Spielsachen, die er aus Nürnberg mitgebracht hat, sind aus Holz - Die Holzschuhe, die man ihm in Schweden geschenkt hat, sind bequem - Die Pralinen, die er in der Schweiz gekauft hat, sind köstlich.

75.
der Hund, mit dem - der Tennisschläger, mit dem - der Sessel, in dem - das Auto, in dem - das Flugzeug, in dem - das Haus, in dem - die Puppe, mit der - die Eisenbahn, mit der - die Wohnung, in der - die Tennisschläger, mit denen - die Probleme, mit denen - die Campingplätze, auf denen.

76.
dessen - dessen - dessen - deren - deren - deren - dessen - dessen - dessen - deren - deren - deren.

77.
die - dessen - die - deren - die - dessen - das - das - das - die - das - der - deren - die - denen - das - denen - den - dessen.

78.
der - der - den - die - die - die - der - dem - die - die - der - denen - deren - der - die - denen.

79.
der - dem - der - dessen - die - der - die - deren - denen - die - denen - dem - den - der - die - die - die - dem - dem - die.

80.
Hier soll eine Straße gebaut werden, die 10 Meter breit ist - Das Straßburger Münster hat einen Turm, der 142 Meter hoch ist - Der Bergsteiger hat den Gipfel besiegt, der 8881 Meter hoch ist - Die Gemälde, die im Museum ausgestellt sind, stammen alle aus dem 19. Jahrhundert - Die Räume, die dem Publikum zugänglich sind, enthalten nicht alle Kunstwerke des Museums - Seine Chansons, die in der ganzen Welt bekannt sind, bringen dem jungen Sänger viel Geld ein - Die Kunstschätze, die in der Krypta der Kirche aufbewahrt sind, können nur an bestimmten Tagen besichtigt werden - Die Blumen, die unter Naturschutz stehen, darf man nicht pflücken - In einem Naturschutzgebiet ist es verboten, die Tiere zu töten, die im Wald wild leben - Ein Reh, das plötzlich über den Weg lief, hat die Wanderer überrascht - In der Ecke des Zimmers stand ein Weihnachtsbaum, der mit goldenen Sternen und bunten Kugeln geschmückt war - Wegen der Autozahl, die weiterhin steigt, nimmt die Umweltverschmutzung ständig zu - Eine Aktion, die schon seit vielen Jahren mit behördlicher Unterstützung läuft, hat endlich zu Erfolgen geführt. Wenden Sie sich doch an den Beamten, der für dieses Anliegen zuständig ist!

81.

a. Nein, während Ihrer Abwesenheit hat niemand angerufen. - Es hat niemand geschrieben - etc.

b. Nein, ich habe niemanden gesehen - etc.

82.
Nein, ich habe nichts gehört - nichts gesehen - nichts getan - ich habe von dieser Sache nichts verstanden.

83.
keiner, niemand - keinem, niemandem - keinem, niemandem - keinen, niemanden.

84.
keinen - einen - einer - einer - keiner - einen - einer - keinem - einer - keiner - einen.

85.
etwas Billiges - viel Interessantes - nichts Gescheites - etwas Vernünftiges - nichts Neues - etwas Seltsames - viel Gutes - viel Schlechtes.

86.
Haben Sie etwas Interessantes gefunden? - In dieser Ausstellung habe ich viel Schönes gesehen. - Ich habe dir viel zu erzählen. - Worüber habt ihr euch unterhalten? Über vieles (allerlei, vielerlei), aber hauptsächlich über meine letzte Reise. - Brauchst du viel, um zu verreisen? (für die Reise) - Nein, ich brauche nur wenig. - Sie hat im Krieg viel Schreckliches (Furchtbares) erlebt.

II. LE GROUPE VERBAL

1. L'INDICATIF

87.
habe - hat - hast - habe - habt - haben - haben - haben - habe - hat.

88.
bin - seid - sind - ist - bist - ist - sind - sind.

89.
wohnen - macht... auf - spielt - erzähle - sagt - hörst... auf - arbeitest - wartet - holt... ab.

91.
fährst - liest - geht - trägt - nimmst - kommt - wascht - bleiben - sieht... aus - läuft - sieht.

93.
fährst... mit - trägt - fällst - hält - fängt... an - Läßt - errätst - lädt... ein - läuft - wächst.

94.
warteten - regnete - hatten - waren - weinten - stritten - lief - kam - bremste - passierte - schrie - stand - antwortete - wollte.

95.
wohnten - saßen - waren - sprach - konnten - bestellten - brachte - schenkte - erhob - sagte - antwortete - wiederholte - kam - bat - konnte - sagte - war - verstand - ergriff - richtete - rief - antwortete - trank - war.

97.
haben... gemacht - haben... genommen - sind... gefahren - haben... gekauft - sind... eingestiegen - sind... gefahren - haben... geparkt - haben... angezogen - sind... gelaufen - haben... gesucht - hat... geholt - hat... aufgemacht - habe... getrunken - habe... gemacht - sind... zurückgegangen.

98.
ist... aufgewacht - ist... aufgestanden - hat... angezogen - haben... weitergeschlafen - ist... gegangen - hat... geputzt - hat... zubereitet - hat... gegessen - hat... getrunken - ist... gegangen - hat... gesetzt - ist... fortgefahren - hat... gedauert - hat... gesessen - hat... geholt - hat... gehabt - ist... geblieben - ist... zurückgekommen.

99.
a. ist... aufgestanden - sind... gesprungen - hat... angemacht - hat... gemeldet - hat... gekocht - hat... befestigt - ist... zurückgekommen - haben... gewaschen - haben... angezogen - haben... gesetzt - haben gegessen - haben... getrunken - haben... geputzt - sind... gestiegen.
b. sind... losgefahren - hat... gedauert - sind... gewesen - haben... gefunden - hat... genommen - ist... gegangen - hat... bezahlt - ist... gegangen - ist... gewesen - sind... gelaufen - haben... gemacht - sind... gegangen - haben... bestellt - haben... getrunken - haben... genommen - haben... gelegen - sind... weggefahren - sind... gewesen.

100.
Wir machen eine lange Wanderung durch den Wald - Das Auto fährt viel zu schnell und schneidet die Kurve - Er verpaßt den Bus und kommt zu spät ins Büro - Ich rufe meinen Freund sofort zu Hause an - Frau Schranz zieht ihren dicken Mantel an und geht in die Stadt - Herr Wagner holt den Wagen aus der Garage und stellt ihn vor das Haus - Die Kinder rufen ihre Freunde an und gehen mit ihnen ins Kino.

101.
Ich bin um halb acht aufgestanden. - Ich habe das Radio angemacht. - Das Radio hat schlechtes Wetter gemeldet. - Meine Schwester hat das Frühstück schon zubereitet. - Ich habe meinen Pyjama ausgezogen und bin ins Badezimmer gegangen. - Ich habe mir die Hände

gewaschen und die Zähne geputzt. - Wir haben uns an den Küchentisch gesetzt. - Mein kleiner Bruder hat seine Tasse Kakao schon getrunken. - Ich habe drei Scheiben Brot mit Butter und Marmelade gegessen. - Zehn Minuten später sind wir in den Wagen gestiegen und sind weggefahren.

103.
Leg - stellen - steht - setzen - lag - stehen - liegen - Hängen - saß - hing.

104.
saßen - hängte - setzte - standen - stand - stellte - saß - lagen - stellte.

105.
hat... mitgebracht - Hast... gedacht - habe... erkannt - hat... gebrannt - hat... genannt - hast... gekannt - hat... genannt - ist... gerannt.

106.
kannte - rannten - dachten - nannten - brachte - rannte - nannte - brachte - dachten - brannte - dachten.

107.
Kennen - kenne - weiß - Weißt - Wissen - weiß - kenne - Kennen - kenne - weiß - kenne - weiß - weißt - weiß - kenne - weiß - Wissen - weiß - weiß - wissen.

108.
schmolz - fällte - erschrak - sank - sprengten - fuhr - ertränkte - hängte - Erschreck - versenkte - ertrank - führte - sprang - hing - schmelzten - fiel.

2. L'IMPÉRATIF

110.
Hört - Macht - Lest - Nehmt - Seht - Paßt - Geht - Gebt - Zeigt - Kommt.

111.
Nehmen Sie - Setzen Sie sich - Erzählen Sie mir von Ihrer Reise ! - Geben Sie - Seien Sie - Helfen Sie - Hören Sie - Gehen Sie.

112.
Hilf - Nimm - Sprich - Gib - Iß - Wirf - Vergiß - Sieh - Erschrick - Tritt.

113.
Helfen Sie - Nehmen Sie - etc...

114.
Du sollst... mitkommen - Du sollst... zuhören - Du sollst... zumachen - Ihr sollt ... sein - Du sollst... stellen - Du sollst... schreien - Ihr sollt... aufräumen - Du sollst...geben - Ihr sollt... machen.

115.
aufgepaßt - zugehört - ferngesehen - abgestellt - gebracht - angefangen - gegangen.

117.
1c/2g/3b/4a/5i/6d/7e/8j/9f/10h.

3. LE SUBJONCTIF

118.
sie wolle heute abend zu uns kommen - Sie solle aber zuerst noch ihre Schuhe beim Schuster abholen - Dann wolle sie... - Sie müsse... Sie werde uns von ihrem guten Schokoladenkuchen mitbringen - Sie wolle uns auch ihre Fotos aus den Ferien zeigen - Sie könne aber nicht... Spätestens um 22 Uhr müsse sie weg - Sie wolle nämlich nicht...

119.
er könne - Es sei - Sein Bruder könne es besser - Er habe - Es interessiere ihn - Er habe - Er müsse - Er wolle - Er sei - Er mache.

120.
sie hätten - Sie könnten - Sie seien - Sie arbeiteten - Ihre Freunde kämen - Sie würden - Sie hätten - Heute abend dürften sie - Sie müßten.

121.
sie könnten - sie seien - sie hätten - fühlten - sie wollten - Sie kämen - Sie wollten uns... - Oder wir könnten auch zu ihnen kommen - Sie wollten uns noch Bescheid sagen.

122.
sei er... gewesen - er habe... gesehen - habe... angefangen - habe er... gestanden - er habe... bekommen - er habe... gesessen - er habe... sehen können - Vor ihm habe... gesessen - sei... gewesen - Er sei... gewesen - Er sei... sitzen geblieben - habe er aufstehen müssen.

123.
seien sie... gewesen - Sie hätten... gesehen - hätten sie... gehabt - hätten... bekommen - seien... gewesen - sie hätten... gesessen - hätten sie... sehen können - Vor ihnen hätten... gesessen - seien sie... gegangen - hätten sie... getroffen - sie hätten sich... unterhalten - hätten... gefunden - hätten sich... gelangweilt - seien sie... gegangen - hätten sie... getrunken - hätten... gegessen.

124.
sei er... gewesen - es sei... gewesen - seien... gewesen - sie hätten... angefeuert - hätten... gebrüllt - hätten... gepfiffen - man müsse... bewundern - geblieben sei - sich gar nicht von den Zuschauern habe beeinflussen lassen - finde er - sie hätten... ausgepfiffen - man dürfe... unterstützen - könne man... steigern.

125.
Appel commun des autorités religieuses protestantes, orthodoxes grecques et catholiques de la R F A.
À l'occasion de la « Semaine du concitoyen étranger », les autorités religieuses ont constaté que la paix régnait là où des hommes d'origines différentes avaient des relations de bon voisinage. La personne responsable des étrangers au gouvernement fédéral, Liselotte Funcke (F.D.P.), a déclaré que le but de l'intégration ne devait pas être de transformer rapidement les étrangers en Allemands « standard ». Elle ajouta que chacun se devait, au contraire, de les aider à conserver leur culture. Il était tout aussi important, selon elle, de parler au voisin étranger pour lui donner l'occasion de s'exprimer et de le soutenir également sur son lieu de travail.
Süddeutsche Zeitung,
30.9.85

126.
Wenn er Arbeit hätte, könnte er... etc.

127.
Wenn er reich wäre, könnte er... Wenn er alt genug wäre, dürfte er... etc.

128.
Wenn... gehabt hätte, wäre sie... gewesen - Wenn... besucht hätte, wäre sie... gewesen - Wenn sie... gehabt hätte, wäre sie... gewesen - Wenn sie... gegangen wäre, wäre sie... gekommen - Wenn sie... gehabt hätte, hätte sie... gewußt - Wenn sie... gehabt hätte, hätte ihre Rente nicht genügt - Wenn sie... gehabt hätte, wären... gewesen.

129.
Hätte die alte Frau noch Verwandte gehabt, so wäre sie nicht so einsam gewesen - etc.

130.
Wenn er reicher wäre, könnte er eine große Reise machen. - Wenn die alte Dame sich nicht vor dem Fliegen fürchtete, könnte sie nach Amerika fliegen. - Wenn du dein Geld nicht verloren hättest, hättest du dir Comics kaufen können. - Wenn sie angerufen hätten, wäre ich da gewesen, um sie zu empfangen.

132.
1e/2f/3h/4i/5j/6b/7d/8g/9c/10a.

133.
1d/2f/3g/4a/5h/6i/7j/8b/9e/10c.

4. AUXILIAIRES DE MODE ET LE VERBE WISSEN

136.
kann - will - muß - will - darf - soll - will - mag - kann.

137.
er kann - etc (idem)
sie können - wollen - müssen - wollen - dürfen - sollen - wollen - mögen - können.

138.
Kannst - willst - Willst - Magst - Darfst - Mußt - Kannst - Sollst - Kannst.

139.
mag - kann - muß - darf - muß - kannst - willst - muß - muß - will - darf.

140.
Kannst - kann - darf - mag - will - will - willst - mußt - sollst - soll - willst - mußt - will - kann.

141.
konnte - sollte - wollte - mußte - konnte - mußte - konnte - wollte - durfte.

142.
Ich habe... kommen können - habe... aufpassen müssen - hat... machen müssen - habe... lassen dürfen - hast du... anrufen können - habe... anrufen wollen - habe... wiederfinden können - habe ich... wegfahren wollen - hat... anspringen wollen - habe... reparieren müssen - habe... losfahren können.

143.
müssen ou sollen - sollen - können - können - wollen - können - wollen - müssen.

144.
Morgen kann ich nicht kommen - Ich muß zu meiner Kusine gehen - Können wir uns übermorgen im Theater treffen oder soll ich bei dir vorbeikommen? - Soll ich unseren Freund Michael anrufen, ob er kommen kann? - Wenn wir bei dir essen sollen, so vergiß nicht, daß er kein Sauerkraut mag! - Darf ich dich bitten, die neueste Platte von Wolf Biermann mitzubringen?

145.
1d/2g/3e/4a/5f/6h/7b/8c.

146.
1c/2a/3h/4f/5g/6b/7e/8d.

147.
1a/2d/3b/4g/5i/6h/7e/8j/9f/10c.

148.
3 - 6 - 1 - 8 - 2 - 7 - 4 - 5.

149.
wissen - weiß - weiß - wissen - weiß - wissen - weiß - wissen - wußte - weiß - gewußt - gewußt - wissen.

150.
Kannst - weiß - kennst - kenne - kann - kannst - kennt - kennt - kann - kann - kann - kenne - Weißt - kann - kannst - wissen.

151.
konnte - wußte - kannten - gekannt - konnte - wußte - kannte - konnte - wußte - konnte - kannte - konnte - wußte - kannte - konnte.

152.
Weißt du, wer dieser Mann ist? - Nein, ich kenne ihn nicht. - Die Aufgabe ist zu schwer, ich kann sie nicht machen. - Kennst du diese Stadt? - Ich sollte wissen, wo sie liegt, aber ich kann sie auf der Karte nicht wiederfinden. - Ich kann dir helfen, wenn du nicht weißt, wie das funktioniert. - Hätte ich das gewußt, so wäre ich nicht gekommen. - Ach, wenn Sie wüßten, wie unglücklich ich bin! - Wenn er wirklich gearbeitet hätte, könnte er besser Deutsch. - Wenn ich ihn nicht so gut kennen würde, könnte ich ihn nicht so spät anrufen.

5. LA VOIX PASSIVE

153.
a. Heute wird der Tisch von den Kindern gedeckt. - Im Restaurant werden die Gäste vom Ober bedient - Die Schuhe werden vom Schuster repariert - Briefe und Pakete werden vom Briefträger gebracht - Um 7 Uhr 45 wird das Tor vom Pförtner aufgemacht - Um 18 Uhr 30 werden alle Türen und Fenster vom Hausmeister geschlossen.

b. Jeden Abend wurde das Kind von der Mutter abgeholt - Die Kinder wurden von den Eltern zum Bahnhof gebracht - Der Kranke wurde von unserem Hausarzt gründlich untersucht - Der Tramper wurde von dem freundlichen Herrn bis vor seine Haustür gebracht - Der Flüchtling wurde die ganze Nacht von der Polizei gesucht - Am Morgen wurde er im Wald von einem Polizeihund entdeckt.

c. Diese herrliche Melodie ist von einem unbekannten Musiker komponiert worden - Der gefährliche Mörder ist von der Polizei verhaftet worden - Er ist von den Richtern zu 20 Jahren Gefängnis verurteilt worden - Der arme Fußgänger ist von einem betrunkenen Autofahrer überfahren worden - Der Wagen ist von diesem jungen Automechaniker tadellos repariert worden - Dieser schöne Brief ist von meiner Freundin geschrieben worden.

154.
wird... gearbeitet - wird... gespielt - etc.

155.
darf nicht geparkt werden - soll morgen abgegeben werden - Der Wagen muß unbedingt in die Werkstatt gebracht werden - Der Wagen kann heute nicht mehr repariert werden - Im Kino darf nicht geraucht werden - Die Wohnung muß vor dem Ersten leergemacht werden.

156.
Eine neue Rakete wird von diesen Ingenieuren gebaut - Jedes Teil der Rakete wird von Fachleuten kontrolliert - Der Motor wird von den Franzosen gebaut - Die Plastikteile werden von den Deutschen hergestellt - Die elektronischen Teile werden von einer japanischen Ingenieurin kontrolliert - Das Ganze wird von einem internationalen Team überprüft - Vor dem Start werden die Tanks gefüllt - Um Punkt 15 Uhr wird die Rakete gestartet - Nach zwanzig Minuten wird die Rakete von einer fliegenden Untertasse getroffen - Die Kosmonauten werden von mexikanischen Tauchern aus dem Wasser geholt - Der verletzte Kosmonaut wird ins Krankenhaus gebracht - Auf einer Pressekonferenz wird er von Journalisten aus der ganzen Welt interviewt.

Prétérit :
wurde - wurden... etc.

157.
Der Kranke wird vom Arzt operiert - Im Bus wird nicht geraucht -In diesem Abteil darf geraucht werden - Hier wird Deutsch gesprochen - ... wird nicht gearbeitet - Bei Austerlitz wurden die Österreicher und die Russen von Napoleon besiegt - Bei Waterloo ist der französische Kaiser von den Engländern und den Preußen besiegt worden - Der Kassettenrecorder kann nicht mehr repariert werden - Der Dieb wurde von der Polizei verhaftet - In der Jugendherberge wurde nur Wasser getrunken - Dieses hübsche Märchen wurde von einem dänischen Dichter geschrieben - Heute nachmittag muß dein Fahrrad unbedingt repariert werden - Die schmutzige Wäsche wird in der Waschmaschine gewaschen - Vor der nächsten Woche konnte die Maschine nicht mehr repariert werden - Schon 1942 sind die ersten Raketen von Wernher von Braun, dem berühmten deutschen Ingenieur, gebaut worden - Sie wurden V1 und V2 genannt.

158.
Nach dem Unfall. - Die Polizei wurde sofort von einem Zeugen informiert - Die Verletzten wurden alle ins Krankenhaus gebracht -

Ein Schwerverletzter mußte sofort operiert werden - Die Operation wurde von einem hervorragenden Spezialisten durchgeführt - Die nur leicht Verletzten wurden ärztlich versorgt und wieder nach Hause gefahren.

159.
wird gerührt - werden zugegeben - wird ... geschlagen - und... gezogen - werden ... geschnitten - beträufelt - gemischt - wird gegeben - wird gefüllt - wird bedeckt - wird gebacken.

160.
Selbstverständlich wird alles aufgeräumt - Ich passe schon auf, daß alles aufgeräumt wird - werden... zurückgestellt - ... werden... gespült - wird... sauber gemacht - wird... gestellt - werden... gebracht - wird... abgestellt - werden... gestellt - werden... geschlossen.

161.
kann... repariert werden - kann... repariert werden - kann... operiert werden - können... entlassen werden - kann... gewechselt werden - können... gereinigt werden - können... fortgeschickt werden - kann... angemacht werden.

162.
In der Straßenbahn wird nicht geraucht - Im Theater wird nicht gegessen - In diesem Restaurant wird Deutsch gesprochen - Sonntags wird nicht gearbeitet - Jetzt wird Fußball gespielt - Den ganzen Tag wurde fleißig gearbeitet - Und abends wurde viel gelacht - Dieser Wagen ist zu alt, er kann nicht mehr repariert werden - Das Öl muß alle 15 000 Kilometer gewechselt werden - Der Rasen darf nicht betreten werden.

163.
Der Impfstoff gegen die Tollwut ist von Pasteur entdeckt worden - Die Buchdruckerkunst ist von Gutenberg erfunden worden - Bei den Olympischen Spielen in Grenoble sind drei Goldmedaillen von Killy gewonnen worden - Die erste Atombombe ist von Oppenheimer gebaut worden - Dieses Porträt ist von einem deutschen Künstler gemalt worden - Der Weltrekord im Hochsprung ist von einem sowjetischen Sportler aufgestellt worden - Die Freiheitsstatue in New York ist von einem elsässischen Bildhauer namens Bartholdi gemacht worden - Die Statue ist den Amerikanern von der französischen Regierung geschenkt worden.

III. LA CONSTRUCTION DE LA PHRASE

1. LA STRUCTURE DE LA PHRASE

165.
Im Osten geht die Sonne auf - Im Frühling werden die Tage immer länger... etc.

166.
Goethe ist im Jahre 1749 geboren (worden) - Mein Bruder hat zum Geburtstag ein Fahrrad bekommen...etc.

167.
aber - denn - oder - und - und - oder - aber.

168.
Wenn wir Zeit haben, kommen wir morgen bei dir vorbei - Obwohl wir noch keine Karten haben, wollen wir heute abend... etc.

169.
Am Sonntag haben wir in der Stadt einen Freund meines Vaters getroffen - In der Stadt haben wir am Sonntag einen Freund meines Vaters getroffen... etc.

170.
Am Sonntag haben die Kinder keine Schule - Morgen ist Erikas erster Arbeitstag in der Möbelfirma - Zu Weihnachten fahren wir vielleicht in die Schweiz - Seit Jahren verpesten die Abgase der Autos die Luft in den Großstädten - Wegen der Wirtschaftskrise haben die Gastarbeiter seit ein paar Jahren kaum noch eine Chance, eine Arbeit zu finden - Heutzutage sind immer mehr Frauen berufstätig - Jeden Samstag sind viele Zuschauer in den deutschen Fußballstadien - Nach dem Sieg ihrer Mannschaft feiern die Fans auf den Straßen und in den Gaststätten - In den Jugendherbergen können die Jugendlichen preiswert übernachten - Wegen der steigenden Arbeitslosenquote haben viele Leute ausländerfeindliche Reaktionen.

171.
Heute abend gehen die Eltern mit guten Bekannten ins Theater... etc.

173.
Ich frage mich, ob er kommen kann - Ich weiß nicht, ob er mitmachen will - Wir müssen ihn fragen, ob er morgen Zeit hat - Ich muß mal sehen, ob das Fernsehen heute abend

etwas Interessantes bringt - Wir müssen die Kinder fragen, ob die Serie immer noch nicht zu Ende ist - Ich möchte wissen, ob du mit mir ins Theater gehen würdest - Ich möchte wissen, ob du das Buch schon gelesen hast - Ich frage mich, ob er mir das Buch leihen kann - Wir müssen ihn fragen, ob ihm die Reise nach Japan gefallen hat.

174.
Sie wollen am Sonntag nicht kommen, weil sie keine Lust haben... etc.

2. LA NÉGATION

176.
Nein, ich bin nicht zufrieden - Nein, er ist nicht froh - Nein, sie sind nicht glücklich - Nein, mein Bruder kann nicht kommen - Nein, ich will nicht spazierengehen - Nein, das Baby will nicht schlafen - Nein, ich gehe nicht ins Theater - Nein, er fährt nicht nach Bonn - Nein, wir wollen nicht zu unserer Großmutter - Nein, ich habe diesen Film nicht gesehen - Nein, ich kenne diese Stadt nicht - Nein, ich will meiner Nachbarin nicht helfen - Nein, ich möchte kein Bier - Nein, ich mag keine Milch - Nein, wir wollen keine Salzkartoffeln essen.

177.
Nein, wir wollen nicht mehr arbeiten - Nein, ich will keinen Kaffee mehr - Nein, ich möchte keinen Kuchen mehr - Nein, er ist noch nicht da - Nein, der Film hat noch nicht angefangen - Nein, ich war noch nicht am Nordpol - Nein, ich will nichts mehr - Nein, ich habe dieses Buch noch nicht gelesen - Nein, er hat nichts mehr gesagt - Nein, er ist nicht mehr krank - Nein, meine Großmutter ist noch nie mit der Concorde geflogen.

178.
Dieses Kind ist nicht groß - Ich habe keinen Hunger - Er hat kein Geld - Ich finde meine Schlüssel nicht - Ich kann nicht nach Hause gehen - Dieser Bus fährt nicht in die Stadt, er fährt zum Stadion - Ich kenne diese Stadt noch nicht.

3. LA PONCTUATION

179.
wollen, sollten - übernachten, die - haben, wollen - besuchen, die - wohnt, die - mich, ob - können, der - hat, nachdem - hatte, wo - hatte, Karriere.

180.
aber, die - muß, ist - Natur, aber - Macht, das - verändern, ist - geworden, daß - hinnehmen, daß - wird, um - werden, zu Unachtsamkeit, durch - zerstört, weil - lernen, das - Gut, solange.

4. LES CONJONCTIONS DE SUBORDINATION

181.
Nachdem sie gefrühstückt haben... - Bevor das Spiel beginnt... - Bevor die Vorstellung beginnt... - Bevor die Autobahn gebaut wurde... - Nachdem die Sonne untergegangen ist... - Bevor diese Mannschaft spielte... Nachdem die Messe eröffnet worden war... - Nachdem er gearbeitet hat...

182.
Nachdem er die Nachricht Bevor ich esse, wasche ich mir die Hände - Bevor ich zu meinem Freund gehe, rufe ich ihn an - Bevor ich mir diesen Film ansehe, möchte ich wissen, was du davon hältst - Bevor ich diesen Roman lesen kann, muß ich Fortschritte im Deutschen machen - Bevor wir in die Ferien fahren, müssen wir den Wagen reparieren lassen - Bevor er nach Japan fährt, will er Japanisch lernen - Bevor ich den Zug nehme, löse (kaufe) ich eine Fahrkarte - Nachdem ich diesen Roman gelesen habe, meine ich, daß Böll den Nobelpreis wohl verdient hat - Nachdem ich diesen Film gesehen habe, denke ich, daß Lang ein großer Regisseur ist - Nachdem er sich ausgezogen hat, springt er ins Schwimmbad - Nachdem wir uns die Zähne geputzt haben, gehen wir schlafen - Nachdem er vollgetankt hat, fährt er auf die Autobahn - Nachdem die Arbeiter ein Glas Bier getrunken haben, machen sie weiter - Nachdem ich meine Fahrkarte gelöst habe, steige ich in den Zug ein.

183.
Nachdem er die Nachricht erfahren hatte, war er ganz erschüttert - Nachdem er die Tür zugemacht hatte, stellte er fest, daß er seinen Schlüssel vergessen hatte - Nachdem sie eingekauft hatte, ging sie gemütlich nach Hause - Nachdem er die ganze Schokolade gegessen hatte, die er im Haus gefunden hatte, wurde ihm schlecht.

184.
Bevor die Vorstellung beginnt... - Bevor die Feier anfängt... - Bevor wir abfahren... - Bevor das Gewitter ausbricht... -

Bevor wir verreisen... - Bevor der Laden schließt... - Bevor das Spiel beginnt... - Bevor er sich zur Prüfung meldet...

185.
Nachdem er sein erstes Konzert gegeben hatte... - Nachdem sie zum erstenmal aufgetreten war... - Nachdem er seinen Autounfall gehabt hatte... - Nachdem er das Abitur bestanden hat... - Nachdem er seinen Militärdienst abgeleistet hat... - Nachdem sie operiert worden war... - Nachdem die erste Mondfahrt gelungen war... - Nachdem der schlimme Unfall geschehen war... - Nachdem das schreckliche Erdbeben sich ereignet hatte...

186.
1d/2f/3b/4h/5a/6i/7j/8e/9g/10c.

187.
Wenn - Als - als - Wenn - Wenn - Wenn - Als - Als - Als - Wenn - Als - wenn.

188.
Als - Als - wenn - Wenn - als - wenn - Wenn - Als - Wenn - Als.

189.
ob - Wenn - ob - Wenn - ob - ob - Wenn - wenn - ob - ob - Wenn - ob - Wenn - ob - ob.

190.
Wenn - für - Wenn - von - um - in - zu - durch - ob - ob - für - bei - wenn - mit - bei - mit - auf - unter - um - hinter - Nach - vor - wenn - ob - Mit - Wenn - an - in.

191.
ob - Wenn - ob - Als - daß - damit - Als - Wenn - Seit - daß - bis - ob - Wenn - weil.

192.
Als - daß - weil - daß - ob - daß - damit - Wenn - um ... zu - Da - um ... zu - Während - ob - daß - als ob - Da - daß.

193.
Obwohl das Benzin teuer ist... - Obwohl es viele Schwierigkeiten gab... - Obwohl die Mutter ihr gute Ratschläge gegeben hatte... - Obwohl er viele Nachhilfestunden bekommen hatte... - Obwohl die Arbeitsbedingungen schwer sind...- Obwohl er eine gute Ausbildung hat... - Obwohl der Dollarkurs niedrig ist... - Obwohl sie ein gutes Zeugnis hatte....

194.
weil der Sommer trocken war - weil die Transportkosten hoch sind - weil der Dollarkurs niedrig ist - weil er unvorsichtig war - weil das Risiko zu groß war - weil ein schlimmer Unfall sich ereignet hat - weil eine Grippe-Epidemie herrscht.

195.
Trotz des starken Regens - Wegen des dichten Nebels - Trotz des Verkehrsstaus - Wegen des schlechten Wetters - Wegen einer Strompanne - Trotz eines Busstreiks - Trotz einer Verletzung - Trotz des geringen Lohns - Wegen eines Todesfalls - Wegen seiner großen Erfahrung.

196.
Trotz einer Erkältung geht sie schwimmen... etc.

198.
Während er ißt... - Während er frühstückt... - Während sie im Bus fuhren... - Während wir wanderten...- Während er operiert... - Während sie spazierenging.

199.
... sie krank wäre - ... er Angst hätte - ... es Hunger hätte - ... er Fieber hätte -... sie mit der Arbeit fertig wäre - ... er keine Zeit hätte - ... er kein Geld hätte - ... sie es eilig hätte.

200.
... als wäre sie krank -etc.

201.
Er tut, als ob er Angst hätte - Sie sieht müde aus - Es ist mir, als ob er krank wäre - Er trägt immer seine alte zerrissene Hose, als ob er kein Geld hätte, um sich eine andere zu kaufen - Du brauchst gar nicht zu tun, als ob du nicht gehört hättest ! - Es ist ihm, als ob es ihr nicht gut ginge - Sie tun immer, als ob sie uns nicht sehen würden, weil sie keine Lust haben, uns zu grüßen.

202
Il fait semblant d'être malade - Il a fait semblant de ne pas m'avoir vu - Ne fais pas celui qui n'a pas compris ! - Rolf fait toujours semblant de tout comprendre - J'avais l'impression de l'avoir déjà vu quelque part.

203.
Je mehr Einwegflaschen wir kaufen, desto mehr Müll muß man entfernen - Je größer die Zahl der Autos in der Innenstadt wird, desto unerträglicher wird der Lärm - Je konzentrierter die Spül-und Waschmittel sind, desto mehr gefährden sie das ökologische Gleichgewicht der Flüsse - Je mehr die Abwässer das Flußwasser vergiften, desto häufiger sterben die Fische - Je mehr Kernkraftwerke gebaut werden, desto wärmer wird das Wasser der Flüsse - Je weiter die Abgase der Industrie vom Wind getrieben werden, desto mehr werden die Tannenwälder vom sauren Regen bedroht.

204.
Je mehr er ißt, desto dicker wird er - Je mehr er lügt, desto weniger glaubt man ihm - Je kälter es ist, desto mehr Öl wird verbraucht - Je mehr man arbeitet,

desto müder wird man - Je höher wir steigen, desto kälter wird es - Je schneller man fährt, desto mehr Benzin verbraucht man - Je mehr Schnee auf der Straße liegt, desto langsamer soll man fahren.

205.
Da - als - wie - Wie - wie - wie - Als - Da - wie - wie - Als - als.

207.
Da - wie - als - Wie - als - Da - wie - wie - als - wie - Da - wie.

5. LA PROPOSITION INFINITIVE

208.
es ist verboten, auf dem Rasen Fußball zu spielen - ... zwischen den Hochhäusern radzufahren - ... auf dem Trottoir Rollschuh zu laufen - ... vor der Haustür das Moped zu waschen - ... in der Wohnung Trompete zu spielen.

209.
Nein, meine Eltern lassen mich nicht allein ausgehen... etc.

210.
Nein, ich habe keine Lust, am Samstag ins Schwimmbad zu gehen... etc.

211.
Er scheint, krank zu sein - Sie hofft, kommen zu können - Er möchte uns begleiten - Ich glaube, ihn zu kennen - Wir hören das Radio spielen - Wir haben vor, eine große Reise um die Welt zu machen - Er schlägt vor, jetzt Schluß zu machen - Sie läßt sich die Haare schneiden - Er versucht, das Problem zu verstehen - Sie wollen am Projekt beteiligt sein - Ich habe keine Lust, bei diesem Wetter auszugehen - Ich möchte am liebsten zu Hause bleiben - Siehst du die Kinder spielen? - Hilf der Kleinen die Tür auf(zu)machen! - Sie haben mir angeboten, ein Geschäft mit ihnen zu machen - Der Direktor läßt den Personalchef rufen - Er will sich mit ihm unterhalten - Sie wünscht, am Experiment teilzunehmen - Glauben Sie, das machen zu können? - Er denkt, morgen kommen zu können - Es fing an, in Strömen zu regnen - Du mußt noch schnell zum Bäcker gehen - Wir hatten noch keine Zeit, den Film zu sehen.

212.
... um das Geschirr zu spülen... etc.

213.
... um ein großes Essen zu machen... etc.

214.
... damit er ihn repariert... etc.

215.
Die Gastarbeiter verlassen ihre Heimat, um mehr Geld zu verdienen - Die Regierung hat sie kommen lassen, damit sie in den Fabriken und auf den Baustellen arbeiten - Sie arbeiten oft zehn Stunden am Tag, um ihrer Familie viel Geld schicken zu können - Sie nehmen die gefährlichsten Arbeiten an, um nicht arbeitslos zu werden - Manche Industrieländer bieten ihnen eine hohe Prämie an, damit sie nach Hause zurückkehren - Die Kinder bleiben oft lieber in Deutschland, um nicht in einem Land leben zu müssen, dessen Sprache sie kaum können.

216.
Im Sommer verbringen viele französische Schüler mehrere Wochen in England, um Englisch zu lernen - Die Eltern geben manchmal viel Geld aus, damit ihr Sohn oder ihre Tochter Englisch lernt. - Ich habe lange gebraucht, um Japanisch zu lernen, mein Lehrer hat sich viel Mühe gegeben, damit ich Fortschritte mache.

217.
... ohne viel zu arbeiten - ohne sich anzustrengen... etc.

218.
anstatt den Bus zu nehmen - statt Stunden zu nehmen... etc.

219.
Ja, ich meine auch, daß er schon gestern hätte kommen können... etc.

220.
... er hätte umziehen sollen - ... sie es zu Ende hätte lesen sollen - ... sie es hätten gewinnen können - ... sie sie hätten besuchen sollen - ... er sie sich hätte schneiden lassen sollen - ... sie zu einem hätte gehen sollen - ... sie es hätten versichern sollen.

221.
Wenn ich hätte kommen können, wäre ich gekommen - Wenn du deine Übung nicht hättest machen können, hätte dir dein Bruder geholfen - Wenn er seine Großmutter im Krankenhaus hätte besuchen können, hätte sie sich gefreut - Wenn wir bei dir hätten vorbeikommen können, hätten wir dir das Buch gebracht, das du unbedingt brauchst, um deine Französischarbeit zu machen.

222.
Hätte ich kommen können, so wäre ich gekommen... etc.

223.
Da sie ihre Arbeit nicht hatte fertigmachen können, hat sie nicht ausgehen

können - Da der beste Spieler der Mannschaft nicht hatte spielen können, hatten sie das Spiel verloren - Da man das verschneite Spielfeld nicht hatte räumen können, ist das Spiel ausgefallen - Da er den Wagen nicht rechtzeitig hatte reparieren können, sind sie mit dem Zug gefahren.

224.
1c/2e/3g/4h/5a/6f/7d/8b.

6. LES COMPLÉMENTS DE TEMPS

226.
Heute haben wir den sechzehnten August neunzehnhundertachtund-achtzig - Ich bin am einundzwanzigsten November neunzehnhunderteinund-siebzig geboren - Ich bin siebzehn Jahre alt - Übermorgen gehe ich vielleicht ins Kino - Vorgestern war das Wetter schöner als gestern - Wir haben von Viertel nach acht bis Viertel vor neun und von halb elf bis zehn vor zwölf gearbeitet - Nachts sind alle Katzen grau - Im Mai ist es nicht so kalt wie im März - Im Winter ist es manchmal sehr kalt und es schneit oft - Vor acht Tagen habe ich meinen ehemaligen Lehrer im Konzert getroffen - Er geht jeden Samstag in die Oper - In vierzehn Tagen fliegt er nach Rom - Seit drei Tagen liegt Peter im Bett, denn er ist sehr krank - Goethe ist im Jahre siebzehnhundertneunund-vierzig in Frankfurt geboren (worden) - In den Ferien waren wir an der See - Wir sind vom sechzehnten Juli bis zum dritten August in Kiel geblieben - Wenn ich den ganzen Tag arbeite, bin ich abends sehr müde - Heute morgen bin ich früher als sonst aufgestanden, um nicht zu spät ins Büro zu kommen - Nächstes Jahr reise ich vielleicht in die U.S.A. - Morgen in acht Tagen bringe ich dir dieses Buch zurück - Nachdem die Gäste zwei Stunden lang am Tisch gesessen hatten, machten sie einen kleinen Spaziergang im Park.

7. LA NOTION DE QUANTITÉ

227.
Ihre Eltern wollen sie abends nicht ausgehen lassen, sie ist nämlich erst vierzehn (Jahre alt) - Sie sieht ziemlich alt aus - Sie haben viele Reisen gemacht, sie haben viele Länder gesehen - Sie hat während ihrer Krankheit sehr gelitten.

228.
Es ist erst sechs Uhr, wenn ich mich beeile, habe ich genug Zeit, um vor Ladenschluß einzukaufen - Ich habe ziemlich viel zu kaufen, hoffentlich habe ich genug Geld bei mir! - Heute abend sind wir nur zu zweit, da brauchen wir nicht viel.

229.
1c/2e/3g/4i/5a/6d/7j/8f/9h/10b.

8. LES PRÉPOSITIONS

230.
1 bei 2 auf 3 von 4 mit 5 von 6 bei 7 zu 8 bei 9 seit, in.

233.
die - der - eine - der - den - dem - meiner - ins - eine - eine - in das.

234.
zu - nach - zu - bei - nach - in - auf - ans - in - zu - mit - ins - ins - zwischen - auf - an - auf - in - auf.

235.
den - einer alten - um - einem - dem - diesem - des Grafen - den Reisenden - um - im - am - eines tiefen Abgrunds - allen Seiten - seinen Fenstern - tiefes - der - einigem - dem - einigen Mitgliedern seiner - diesen Särgen - dieser unheimlichen - seltsame Dinge.

236.
wen - den - den - ihn - die - kleines - die - einen Angestellten - die - das - die - den großen - die - alle - den.

237.
gegen - für - ohne - ohne - gegen - für.

238.
die - den - die - die vielen - die gefährlichen - den - die sowjetischen - den.

9. VILLES ET PAYS

242.
nach - nach - nach - in die - nach - nach - in die - in die - nach - nach - in die - in die - nach - nach - nach - nach.

244.
nach - nach - in die - nach - nach - nach - nach - in die - in die - in - in - in der - in - in der - in der - in den - in - in - aus - aus - aus - aus der - aus - aus - nach - in die - in.

245.
Deutschland - Deutsch - französischen - deutscher - Frankreich - deutschen - deutsche - deutschen -

deutschen - Englisch - Italienisch - französischen - England - englischen - englischen - Französisch - französische - englische - französischen - Franzosen - nach - Italiener - Italiener - italienischen - Italienisch - Italienerin.

246.
nach - In - in - in - der - nach - Nach - nach - nach - In - In - nach - nach - in die - in - nach.

247.
In den sechziger Jahren brauchte die deutsche Industrie viele Arbeitskräfte. Nach dem Bau der Berliner Mauer im Jahre 1961 konnte die BRD nicht mehr mit den Auswanderern aus der DDR rechnen, so wandte sie sich ans Ausland. Zuerst kamen die Italiener, und bald folgten ihnen Spanier und Griechen, und später Türken und Jugoslawen. Zur Zeit sind die meisten Gastarbeiter in der BRD Türken.

10. LES VERBES À COMPLÉMENT PRÉPOSITIONNEL

248.
1 auf 2 um 3 nach 4 an 5 mit 6 für 7 auf 8 mit 9 auf 10 mit 11 für 12 auf.

249.
1 um 2 über 3 auf 4 an 5 mit 6 an 7 auf 8 auf 9 an 10 für.

250.
Hast du daran gedacht, daß die Geschäfte am Samstag nachmittag geschlossen sind ? - Sie freuen sich alle darauf, daß die Löhne bald erhöht werden - Erinnere ihn bitte daran, daß er die Bücher unbedingt in die Bücherei zurückbringen muß ! - Denken Sie einmal darüber nach, was passieren könnte, falls Sie eine solche Entscheidung treffen ! - Die Nachbarn beschweren sich darüber, daß die Kinder zu viel Lärm machen - Sorgst du bitte dafür, daß dein Koffer ordentlich gepackt wird ? - Die Mutter ist wohl schuld daran, daß ihr Sohn so ungezogen ist - Er bat mich mehrmals darum, ihm bei seiner Arbeit zu helfen - Sie hat das Buch nicht ganz gelesen, sie begnügte sich damit, es durchzublättern - Da er keinen guten Willen zeigt, verzichte ich darauf, ein weiteres Gespräch mit ihm zu führen.

N° d'édition : 10119913 - octobre 2004
Imprimé en France par Pollina s.a., 85400 Luçon - n° 94994